《芳名谱》

Name Your Baby in Chinese

LIN SHAN 林珊

HEIAN

Name Your Baby in Chinese
by Lin Shan

© Federal Publications (S) Pte. Ltd.

First American Edition 1988

HEIAN INTERNATIONAL, INC.
P.O. BOX 1013
UNION CITY, CA 94587 USA

ISBN: 0-89346-304-3

Printed in Singapore

FOREWORD

It was from the heart of Juliet, a Capulet, pining for the love of Romeo of the rival House of Montague that these words were spoken:

> What's Montague? It is nor hand, nor foot.
> Nor arm, nor face, nor any other part
> Belonging to a man. O, be some other name!
> What's in a name? That which we call a rose
> By any other name would smell as sweet.

It seems that these sentimental words of a young lover put forth so well by the English bard, Shakespeare, have come down to influence the attitude towards the choosing of names in the English-speaking world.

In the Chinese-speaking world, however, the choosing of names for a person is all and everything – from cradle to grave and long ever after. The Chinese have always paid such meticulous attention to the choosing of names that it has become an art and even a science, a cultural tradition and a way of life for them.

To help modern Chinese parents to choose a name that has a good meaning, that sounds good and at the same time that is not commonplace, Madam Lin Shan has provided in this book a wide selection from among 900 propitious words. Each word, in simplified character and hanyu pinyin, is explained in English. A list of Chinese surnames, also in hanyu pinyin, and a brief account of the relation between Chinese names and the lunar animal signs are also included. This book is a practical guide that every Chinese family will find useful.

WU TEH YAO
1988

CONTENTS

HOW TO USE THIS BOOK

How do the Chinese choose the names of their children? What are the customary practices involved in the naming game? These questions are answered in the Introduction, which also offers insights into the traditional and practical reasons that have to be considered.

Chinese surnames and names

Most Chinese surnames are of a single character, while a few are of two characters. The names, however, are usually of two characters, and this is the type used in the examples in this book.

On pages 14 to 16 is a list of surnames in simplified Chinese characters and hanyu pinyin, arranged alphabetically. The 900 characters that follow are those most commonly used in Chinese names. They are also arranged according to the alphabetical order of their hanyu pinyin, with meanings explained in English. A character may appear either as the first or the second word in a two-character name, for example, on page 18:

> Bái 白　～兰　(白 is used as the first character)
> 　　　孔～　(白 is used as the second character)

About seven examples of names are given for each character.

The gender of names

An "F" at the foot of a character indicates that the character is usually used in a female name while an "M" indicates one commonly found in a male name. A character with neither of these letters can be used in either female or male names.

The meaning of names

A character may have many meanings, but only those meanings associated with name images are given. For example, "厚" (Hòu) means variously (1) thick, (2) deep, (3) kind, (4) large, generous, (5) rich or strong in flavour, (6) favour. Only the third, fourth and sixth meanings are given, as the rest are unsuitable meanings for names.

To find the meaning(s) of a name, first transcribe the name into pinyin. Let us take "笑梅". Look up "Xiao" in the book. Among the several characters with the same pinyin, find "笑" and its meaning, which is given as "smile". In the same way, pick out "梅" from among the characters with the pinyin "Mei". It means "plum blossom". Thus, we have the meaning for "笑梅" which is "Smiling Plum Blossom".

INTRODUCTION

Why are names so important?

Chinese culture has a long history and Chinese characters have come a long way too. Chinese characters are not only beautiful in their forms, but they are also very subtle in their meanings. This is even more so as is manifested in a person's Chinese name. A Chinese name is a self-identification, a representation of one's personality, a recognition of one's legal rights and a symbol of one's existence. A person's visible form will die, but his formless life will live on forever in his name. Hence, there is a Chinese idiom which says: "One is not afraid to be born with a bad destiny but to be given a bad name."

The Chinese are very particular about a person's name. They even believe that a name can represent a person's fate and an appropriate name can change a person's initial ill fate. In our present society where human relations are gaining importance, a name can become an image-maker and thus greater attention is being paid to names. People usually form their first impression about somebody by the subconscious interpretation, correlation and implication of a person's name based on the forms, sounds and meanings of the words which make up the name. With this preconceived notion, people may arrive at certain conjectural information about the person.

Of course, what is more important is that a name will have an implicative impact upon a person's mentality in an invisible philosophical manner. A child's innate intelligence and spirit, lodged with the meaning of the words which make up the child's name will be there till he grows up. As the child has, day in and day out, for months and for years, been listening, writing and remembering his own name, his character and emotions will be unconsciously changed or moulded by the meaning inherent in his name. Indirectly a person's fate may be influenced in the same way.

3

Differences between Chinese and Western names

Chinese names are different from Western ones in that the latter are readily available and a Westerner needs only to choose one from a list. They call themselves John Coffin, Martin Everyday, Elizabeth Bird, Mary Blacksmith or Lucy Goldsmith. To the Chinese, these names seem strange and funny.

On the other hand, Chinese names are selected, after much thought, from the thousands of Chinese words.

To give an analogy, Western names are like clothes mass produced in a factory. As long as you find a suitable one, you can buy and use it. As for Chinese names, they are like clothes custom-made by the tailor, with the material specially picked and the style exclusively designed for you.

Guidelines for choosing a name

Through the shapes of characters, Chinese names in calligraphy can display a refined design and beauty just like a piece of abstract art. Even the combined sound of the characters in a Chinese name can strike a harmonious chord and be pleasant to the ear. Meanings of the words chosen for a name can also express the parents' aspirations for the child. Furthermore, the versatility of different combinations of words can convey varied shades of meanings.

So, in choosing a Chinese name, consideration must be given to the following qualities. A good name
  a. should be pleasant to the ear
  b. should be pleasant to the eye
  c. should be easy to write
  d. should be easy to remember
  e. should have a propitious meaning
  f. should have a good connotation.

(a) Names must be pleasant to the ear

The Chinese word for name, 名 (ming), is made up of 夕 (xi) meaning "night" and 口 (kou) meaning "mouth". This is to say that even though you cannot see a person in the dark of the night, you can use your mouth to call out his name. Therefore, a clear and resounding name is very important.

4

For instance, names like 余怡艺 (Yu Yiyi), 淑施诗 (Shu Shishi), 程述成 (Cheng Shucheng) and 谢温颖 (Xie Wenying) may be elegant in writing, but they sound muffled. As such, they cannot be considered good names.

(b) Names should be pleasant to the eye

Chinese characters are formed by strokes resulting in artistic structures. A name that has a balanced distribution of strokes and a harmonious image portrays a static form of architectural art.

A name that looks weak and frail is 丁子才 (Ding Zicai). Its thin lanky overall appearance suggests frailty and unsteadiness. Conversely, another name, 魏健麟 (Wěi Jianlin) appears stout and complex.

Amiable and well-bred

Dynamic and bold

Strong and determined

Honest and uncomplicated

SIGNATURES AND PERSONALITIES

Both are instances of unattractive combinations of characters which are to be avoided in names.

(c) Names should be easy to write

We probably cannot reckon the countless times we sign or write our signatures.

The signatures, in Chinese characters, of some people have a free and natural flow, giving others a feeling of ease and gentility. Some sign their names with bold flourish, giving others a feeling of vigour. There are also signatures that evoke in others a feeling of firm determination with their strong, forceful strokes, while others in upright and prim form, give the impression that they belong to people of integrity and honour.

To obtain the image of a gliding cloud or flowing water, names with strokes that give a balanced structure should be the obvious choice.

In the written form 郝耶郁 (Hao Yeyu) and 陶隆阶 (Tao Longjie) look lopsided. Also the complicated strokes take much effort to write and so there is no certainty of a pretty visual form.

(d) Names should be easy to remember

True to the saying "A tiger leaves its skin after death, so does a person his name", a person's name becomes a part of him. Even after his death, his name represents all that he has done in his lifetime. At the mention of Abraham Lincoln and Thomas Edison, we recall a man who freed the Negro slaves and the king of inventions respectively.

While the person is alive, we may even see his name as a symbol of his looks, character, authority, status, wealth, reputation and power. Therefore, it is worthwhile to select a name that has a comprehensible meaning and thus is easy to remember, unique and yet not outlandish. Names like 陈玉英 (Chen Yuying), 王秀珍 (Wang Xiuzhen), 张丽珠 (Zhang Lizhu), 林正雄 (Lin Zhengxiong), 郑天赐 (Zheng Tianci) are too common and over-used, while names like 余睿妍 (Yu Ruiyan) and 邵魁槐 (Shao Kuihuai) have meanings that are too difficult to understand. It might even involve the devil (鬼) when explaining the last name. Yet other names such as 丁外人 (Ding Wairen), 易哭庵 (Yi Kuyan), 王仔昔 (Wang Zaixi) and 荀罕儒 (Xu Hanru) are rather queer.

(e) Names must have propitious meanings

As Chinese characters are representations of things and ideas, names, at the first encounter, can convey their intended meanings.

Whether the implied meaning of a name is refined and beautiful or common and shallow, it has a psychological play on the person. It also affects people's impressions of him.

Written into most names are the parents' ideals and hopes which, in turn, are based on the highest values and moral standards of the Chinese. These include loyalty, filial piety, humanity, trustworthiness, being peace-loving, showing care for one's family, setting an example and bringing glory to one's clan or ancestors.

Examples of names that incorporate this principle are:

耀宗 Yaozong
耀祖 Yaozu } meaning to bring glory to one's ancestors

丽华 Lihua
美华 Meihua } meaning beautiful flower or to beautify China

经国 Jingguo
纬国 Weiguo } meaning to have authority over the country

家柱 Jiazhu
家栋 Jiadong } meaning pillar of the family

文德 Wende
文贤 Wenxian } meaning respectable scholar

(f) Names must have good connotations

The Chinese language has many homophones, that is, words with the same pronunciation. There are between 70 to 80 characters with the same pinyin of Qi and Yi.

Therefore, if the name mentioned is Qiyi (齐谊), the listener might at first instance, associate it with 棋艺 (skilful in chess), or 奇毅 (strong determination) or 琦蕙 (beautiful jade and lotus heart). To distinguish it from the above, there arises the need to clarify that the first word Qi (齐) means "orderly" and the second, Yi (谊) means "friendship".

Because of the many homophones that are present in the Chinese language, it is worth every effort to avoid those names with unrefined meanings such as:

Names	Homophones	Meanings of homophones
李芳碧 Li Fang Bi	你放屁 ni fang pi	you're talking nonsense
游史赞 You Shi Zan	牛屎蛋 niu shi dan	lump of cow-dung
简聪熙 Jian Cong Xi	捡东西 jian dong xi	collecting something
庄官财 Zhuang Guan Cai	装棺材 zhuang guan cai	filling up the coffin

All these names can cause undue embarrassment.

The Chinese have another interesting but not uncommon practice which somewhat deviates from the last two conditions that require names to have good meanings and connotations.

There are some parents who pick names that seemingly do not have good meanings, such as:

乃愚 (Naiyu) meaning 'foolish'
若孺 (Ruoru) meaning 'naive like a child'
宜痴 (Yichi) meaning 'better to be foolish'
淡如 (Danru) meaning 'nonchalant'

The names convey an indifferent regard for worldly gains like fame and fortune, but they are chosen for a specific reason – to reflect the parents' philosophical attitude towards life.

In some two-character names, the second characters are obviously bad choices for names because of their undesirable meanings. However, the practice is to negate the implications with negative-meaning words placed before them, for example:

莫愁 (Mochou) meaning 'do not worry'
无瑕 (Wuxia) meaning 'without impurities'
杜恙 (Duyang) meaning 'check sickness'
逸苦 (Yiku) meaning 'escape from hardship'

Examples of well-chosen names

In addition to the conditions that have to be considered when naming a child, a good name should be complementary when combined with the surname. The following are, in the author's opinion, good names:

黄望青　*Huang Wangqing*

In one Chinese saying, 青黄不接 which means "when the new crop is still in the blade and the old one is all consumed . . . ", 青 (Qing) represents the new crop and 黄 (Huang) the · old crop. Literally, 黄望青 is to look forward to the lush green seedlings even at the harvesting season of the golden ripe grains. The name, therefore, signifies ever-continuing harvest and bright prospects.

成终始　*Cheng Zhongshi*

Cheng means "success", Zhong "the end", Shi "the beginning", and as a whole this name signifies the hope of "success from beginning to end".

王安石　*Wang Anshi*

Wang Anshi was a well-known politician of the Song Dynasty. The name Anshi which means "stable foundation", seemingly had a direct bearing on Wang's career. Also the characters, being balanced and harmonious in structure, illustrate a good example of static beauty.

郑为　*Zheng Wei*

This one-character surname with a one-character name has the same pinyn as " 正为 " meaning "good and proper conduct". However, should the surname be 胡 (Hu). it becomes 胡为 (Hu Wei) and the opposite meaning "improper conduct" is implied.

Other examples of names well received for their favourable connotations are:

江万里	Jiang Wanli	(an endless river)
安如山	An Rushan	(as steady as a mountain)
王佐才	Wang Zuocai	(a talented assistant to the king)
王者辅	Wang Zhebu	(aided by the king)
凌云翰	Ling Yunhan	(lofty aspirations)
云朝霞	Yun Zhaoxia	(morning glow)

时丰稔	Shi Fengren	(time of bumper harvest)
诸国朝	Zhu Guochao	(looked upon by the states)
王侯喜	Wang Houxi	(happy marquis)
贺　寿	He Shou	(birthday greetings)

Generation names

Generation names came about when the ancestor of a clan assigned to each generation in his lineage a character which is usually taken from a propitious couplet or verse. For instance, the Huang (黄) family of Zhongde (种德) clan in Jiangxia (江夏) county might pick the verse:

英俊兴昌	Ying Jun Xing Chang
永肇其祥	Yong Zhao Qi Xiang
青云得标	Qing Yun De Biao
辉焕芬芳	Hui Huan Fen Fang

These sixteen words would be taken on as the generation names for sixteen generations in that order, that is, beginning with 英 (Ying) for the first generation through 芳 (Fang) for the sixteenth. The generation names may be used as the first or second word in a two-character name. Through generation names, the ancestor aspired to embody the ideals of the verse throughout his lineage.

Generation names can also distinguish the ranks in the family hierarchy. Should you meet, outside your hometown, a person from the same province, you can know he is your cousin if he bears the same generation name as yours – even if it is the first time that you are meeting him. Thus, generation names promote relationship among relatives.

Generation names prolong the intrinsic culture of the Chinese and promote the virtue of not forgetting one's roots. They are the root of culture, the root of history and the root of a race.

Chinese equivalents of English names

Unlike Chinese names, which are normally made up of only two characters, English names may vary from one to four syllables.

E.g. With one syllable: May, Anne
     With two syllables: Ada, Eva
     With three syllables: Adela, Jonathan
     With four syllables: Bartholomew, Elizabeth

So in this book, the Chinese equivalents, not the transliteration, of one-syllable English names are given in two characters. Similarly, two characters are applied to only two of the three- or four-syllable English names, e.g.   or   for Lolita.

English names which are very similar in pronunciation, e.g. Muriel, Myra, Myrrha, and Myrtle, can share the same Chinese equivalents. You will choose from among these the Chinese equivalent that you want for your own English name.

简 介

人死留名

一个人跟自己名字的关系，可说一而二，二而一，一生形影不离。由于经年累月、朝朝暮暮地，耳中常常听着，笔下常常写着，心里常常记着，不知不觉地，就会产生潜移默化的作用，使自己的性情受到影响，间接地也影响命运。

西方人的名字，都是现成的，好象大量生产的成衣，你只要拣一个你喜欢的就是。可是华人的名字，要经过小心、周密的思考，好象裁缝师为你量身、缝制的衣服，是特别为你选料、配色、设计、剪裁而成。

华人的名字在字形上，可以表现书法的美感，字音上表现悦耳的声音，字义上更表现长辈对孩子的希望，和文字配搭的妙趣。使别人在"久闻大名"之后，由于名字的暗示和联想，而产生对那个人的第一印象，也可以对他的家庭背景、文化程度作相当的猜度。

一个好名字必须好听、好看、好懂、好记、好的含义、和好的联想。

一、**好听**　"名"是由"夕"（night）和"口"（mouth）组成的，就是说在夜晚看不见的时候，可以用口呼叫对方的名字。因此字音清楚、肯定，音节响亮、悦耳，是很重要的。象余怡艺、石蕴玉，念起来觉得含糊不清。而李行（xíng, háng）、郑重（zhòng, chóng）、林乐（lè, yuè）、王朝（cháng, zhāo），这些多音字，也叫人不肯定应该怎么念。

二、**好看**　我们已无法计算，一生中要写多少次自己的名字。无形中已把自己的性情、心神流注在笔尖，是生平写得最好的几个字。所以在取名选字的时候，要选笔划简单，形体稳定的字，才能形成一种优美的抽象艺术。象"丁子才"就看起来单薄，而"魏健麟"又看起来粗壮，都是字形不美的例子。

三、**好懂**　在向别人介绍自己姓名的时候，常要借助拆字，或解释字义，或借用现成的词语。比如名字是"章达生"，介绍时就说，立、早、"章"，"四通八达"的"达"，"先生"的"生"。最好不要选用生冷的字。好象：

——我叫王贲。三划"王"，"喷水"的"贲"没有"口"。

——哦，是不是"坟墓"的"坟"没有"土"？

你看，这样的理解，可不大妙呢！

四、**好记**　俗语说"虎死留皮，人死留名。"姓名的生命比人的生命长得多，有不灭的特性。比如一提起林肯（Abraham Lincoln），就叫人想起他是"解放黑奴的美国总统"。一提起爱迪生（Thomas A. Edison），就叫人想起"发明大王"。在一个人还活着的时候，名字更是他的体貌、人格、法权、产业、地位……的代号。

名字既然这样重要，怎样取个配合个人神貌，又不太怪，也不太俗的好名字，就更是一门学问了。象玉英、秀珍、顺发、福来，都太通俗，同名同姓的太多了。

五、**好的含义**　由于中文有顾名思义的特性，名字如果优美，就会给人良好的印象。名字如果粗俗，当别人问起贵姓大名的时候，就会不敢开口，怕被人取笑。名字大多反映父母的希望，和华人社会的价值观，以及做人的标准。象贤德、光正、慈孝、美慧都是。

六、**好的联想**　中文有许多同音字，取名时，要注意避免容易引起误会的字眼儿。有时还要用各种方言念一念，免得点名时，引起哄堂大笑。好象：

史　刚——屎　缸

廖　平——尿　瓶

游始赞——牛屎蛋

简聪熙——拣东西

庄官财——装棺材

曾桃燕—真讨厌

而高思德，这个本来很好的名字，汉语拼音是 Gāo Sidɛ，读起来就好象是福建话"狗屎"了。

洋名汉化

一般上，华人的名字，最多只有两个字。而英文名字的音节，

有的一个，象 May, Anne

有的两个，象 Ada, Eva

有的三个，象 Adela, Jonathan

有的四个，象 Bartholomew, Elizabeth

所以在将英文名字汉化的时候，一个音节的要变作两个汉字；三个，四个，五个音节的，也只能取其中的两个音节变作两个汉字，象 Lolita 可以变作"乐丽"或者"莉达"。

有许多近似的英文名字象 Muriel, Myra, Myrrha, 和 Myrtle 都可以共用那几个汉名，在几个汉名中选择一个自己喜欢的。

THE ORIGIN
OF CHINESE SURNAMES

Surnames Are Different from Clan-names

Before the three dynasties of Xia, Shang and Zhou (2140–256 BC), the people in China were already having surnames 姓 (xing) and clan-names 氏 (shi). The 'surname' originated from the name of the village in which one lived or the family to which one belonged, while the clan-name derived from the name of the territory or the title – which might be posthumous – granted by the emperor for some achievement made by a noble. Hence, only the nobles had surnames as well as clan-names.

In any solemn ceremony or important celebration, the Chinese have their clan name written on lanterns which are held high in a prominent place like the main entrance of the house. As a clan name indicates the ancestral home, it is also carved on a man's tombstone to indicate sentiments of his return to the source where he originated.

For example, 西河林怀民 (Xihe Lin Huaimin) means that 林怀民 (Lin Huaimin) was from the 西河 (Xihe) clan of 潮阳 (Chaoyang) county, 广东 (Guangdong) province, China, and that his generation name was 怀 (Huai). Similarly, 鹏翔郑天庭 (Pengxiang Zheng Tianting) means that 郑天庭 (Zheng Tianting) came from the 鹏翔 (Pengxiang) clan of 永春 (Yongchun) county, 福建 (Fujian) province, and his generation name was 天 (Tian).

A man and a woman of the same clan-name could marry each other, but they could not if they are of the same surname. This is because the Chinese had discovered long time ago that inter-marriages of close relatives would be detrimental to future generations.

Integration of the Surname and Clan-name

During the Qin dynasty (221–206 BC) and the Han dynasty (206 BC –

15

AD 220) the feudal system disintegrated with the weakening of the power of the nobles. As a result, people began to take on clan-names, and some even adopted clan-names as their surnames. Since then, the surnames and clan-names were used in the same sense

That went on for eight hundred years until the rule of Emperor Tang Tai Zong (唐太宗 AD 627). Gao Shi Lian (高士廉), a government official, made a survey and found that there were among the people a total of 393 different surnames. He then wrote and published a book called *Annals of Surnames*, which became a reference for selecting qualified personnel for the post of government officials and for arranging marriages.

Surnames of a Hundred Families

The book, *Surnames of a Hundred Families* which was popular in China during the olden days, was written more than one thousand years ago during the Northern Song dynasty (AD 960). It recorded a total of 438 surnames, of which 408 were single-word surnames and 30 were double-word surnames.

Another book, *Huang Di 1000 Surnames* (黄帝千家姓) written by Chen Rende (陈仁德), says that the Chinese had been having surnames since the reign of the Three Emperors and Five Kings (三皇五帝 2550 BC) and that there are now as many as 9177 surnames. There are yet others who say that the Chinese had surnames even long before the period of the Three Emperors and Five Kings, that is, during the time of matriarchal society where recognition was given only to one's mother and not one's father. Hence, the Chinese character for surname 姓' is made up of two individual characters: 女 (meaning 'woman') and 生 (meaning 'to give birth'). That is to say, the surnames of the early Chinese followed the maternal line.

Major Surnames

In the West, different major surnames have been identified in different countries. The three most common surnames in the United Kingdom are Smythe, Jones and Williams; in America, Smith, Johnson and Carson; in France, Martin, Bernard and Du Pont; in Germany, Schultz, Mueller and Schmidt; and in Russia, Ivanor, Vassiliev and Peternov. What about the Chinese surnames? According to the latest

16

statistics from China, Chinese with the surname Zhang (张) alone number more than 100 million, making it probably the most populous surname in the world.

Another set of more recent and reliable statistics compiled in 1977 by a historian, Li Dong Ming (李栋明) and published in the Eastern magazine (东方杂志), reveals that the number of Chinese with the first 10 major surnames make up 40% of the Chinese population. The following are the 10 major Chinese surnames in terms of numbers:

Zhang (张), Wang (王), Li (李), Zhao (赵), Chen (陈), Yang (杨), Wu (吴), Liu (刘), Huang (黄), Zhou (周).

Below are the next 10 major surnames, and the Chinese with these surnames make up over 10% of the Chinese population.

Xu (徐), Zhu (朱), Lin (林), Sun (孙), Ma (马), Gao (高), Hu (胡), Zheng (郑), Guo (郭), Xiao (萧).

The number of Chinese in the third category of 10 major surnames make up just about 10% of the population. These 10 surnames are:

Xie (谢), He (何), Xu (许), Song (宋), Shen (沈), Luo (罗), Han (韩), Deng (邓), Liang (梁), Ye (叶).

The following 15 surnames form the fourth largest group of Chinese surnames:

Fang (方), Cui (崔), Cheng (程), Pan (潘), Cao (曹), Feng (冯), Wang (汪), Cai (蔡), Yuan (袁), Lu (卢), Tang (唐). Qian (钱), Du (杜), Peng (彭), Lu (陆).

A total of 70% of the Chinese population are of the above 45 most common surnames. The surnames of the remaining 30% of the Chinese population are comparatively rare. Some of these surnames are:

Zhai (翟), Gu (古), Gou (勾), Miao (苗), Gou (苟), Di (第), Liao (廖), Rui (芮), and Hai (海).

CHINESE SURNAMES IN HANYU PINYIN

Single-word Surnames

艾 Ài	程 Chéng	斐 Fěi	古 Gǔ	扈 Hù
安 Ān	池 Chí	费 Fèi	谷 Gǔ	花 Huā
敖 Áo	迟 Chí	封 Fēng	顾 Gù	华 Huà
白 Bái	仇 Chóu	丰 Fēng	官 Guān	黄 Huáng
班 Bān	储 Chǔ	风 Fēng	关 Guān	霍 Huò
包 Bāo	褚 Chǔ	鄷 Fēng	管 Guǎn	姬 Jī
宝 Bǎo	楚 Chǔ	冯 Féng	归 Guī	嵇 Jī
保 Bǎo	淳 Chún	凤 Fèng	桂 Guì	稽 Jī
鲍 Bào	崔 Cuī	伏 Fú	郭 Guō	吉 Jí
贝 Bèi	戴 Dài	福 Fú	过 Guō	纪 Jǐ
毕 Bì	刀 Dāo	符 Fú	哈 Hǎ	季 Jì
边 Biān	邓 Dèng	傅 Fù	海 Hǎi	计 Jì
卞 Biàn	狄 Dí	盖 Gài	韩 Hán	贾 Jiǎ
柏 Bó	刁 Diāo	干 Gān	杭 Háng	蔺 Jiǎn
卜 Bǔ	丁 Dīng	苟 Gǒu	郝 Hǎo	简 Jiǎn
蔡 Cài	董 Dǒng	辜 Gū	何 Hé	姜 Jiāng
曹 Cáo	窦 Dòu	甘 Gān	禾 Hé	江 Jiāng
岑 Cén	杜 Dù	高 Gāo	和 Hé	蒋 Jiǎng
柴 Chái	端 Duān	戈 Gē	贺 Hè	焦 Jiāo
昌 Chāng	段 Duàn	葛 Gě	赫 Hè	金 Jīn
常 Cháng	樊 Fán	耿 Gěng	衡 Héng	晋 Jìn
车 Chē	范 Fàn	龚 Gōng	洪 Hóng	靳 Jìn
陈 Chén	方 Fāng	宫 Gōng	侯 Hóu	荆 Jīng
成 Chéng	房 Fáng	勾 Gōu	胡 Hú	居 Jū

18

具 Jù	刘 Liú	那 Nā	屈 Qū	宋 Sòng
康 Kāng	柳 Liǔ	能 Néng	瞿 Qú	苏 Sū
柯 Kē	隆 Lóng	倪 Ní	全 Quán	孙 Sūn
空 Kōng	龙 Lóng	粘 Nián	权 Quán	台 Tái
孔 Kǒng	楼 Lóu	年 Nián	冉 Rǎn	谈 Tán
匡 Kuāng	娄 Lóu	聂 Niè	饶 Ráo	谭 Tán
邝 Kuàng	卢 Lú	牛 Niú	任 Rén	汤 Tāng
况 Kuàng	鲁 Lǔ	钮 Niǔ	荣 Róng	唐 Táng
赖 Lài	陆 Lù	农 Nóng	容 Róng	陶 Táo
蓝 Lán	路 Lù	区 Ōu	阮 Ruǎn	滕 Téng
郎 Láng	吕 Lǚ	欧 Ōu	芮 Ruì	田 Tián
朗 Lǎng	伦 Lún	潘 Pān	瑞 Ruì	仝 Tóng
劳 Láo	罗 Luó	庞 Páng	萨 Sà	童 Tóng
乐 Lè	骆 Luò	裴 Péi	赛 Sài	同 Tóng
雷 Léi	洛 Luò	彭 Péng	沙 Shā	佟 Tóng
冷 Lěng	麻 Má	皮 Pí	单 Shàn	涂 Tú
黎 Lí	马 Mǎ	朴 Piáo	商 Shāng	屠 Tú
理 Lǐ	麦 Mài	平 Píng	邵 Shào	万 Wàn
李 Lǐ	满 Mǎn	蒲 Pú	余 Shé	汪 Wāng
利 Lì	毛 Máo	溥 Pǔ	申 Shēn	王 Wáng
厉 Lì	茅 Máo	浦 Pǔ	神 Shén	危 Wēi
励 Lì	梅 Méi	戚 Qī	沈 Shěn	韦 Wéi
廉 Lián	孟 Mèng	齐 Qí	盛 Shèng	卫 Wèi
连 Lián	米 Mǐ	祁 Qí	施 Shī	蔚 Wèi
练 Liàn	苗 Miáo	钱 Qián	石 Shí	魏 Wèi
梁 Liáng	缪 Miào	强 Qiáng	时 Shí	温 Wēn
良 Liáng	闵 Mǐn	乔 Qiáo	史 Shǐ	文 Wén
廖 Liào	明 Míng	秦 Qín	寿 Shòu	闻 Wén
林 Lín	莫 Mò	丘 Qiū	舒 Shū	翁 Wēng
蔺 Lìn	牟 Móu	邱 Qiū	水 Shuǐ	巫 Wū
凌 Líng	穆 Mù	裘 Qiú	斯 Sī	邬 Wū

吴 Wú	熊 Xióng	叶 Yè	禹 Yǔ	招 Zhāo
武 Wǔ	徐 Xú	蚁 Yǐ	郁 Yù	赵 Zhào
伍 Wǔ	许 Xǔ	易 Yì	尉 Yù	甄 Zhēn
奚 Xī	宣 Xuān	殷 Yīn	喻 Yù	郑 Zhèng
席 Xí	薛 Xuē	银 Yín	元 Yuán	钟 Zhōng
习 Xí	荀 Xún	尹 Yǐn	袁 Yuán	周 Zhōu
夏 Xià	严 Yán	应 Yīng	岳 Yuè	朱 Zhū
鲜 Xiān	言 Yán	英 Yīng	云 Yún	诸 Zhū
冼 Xiǎn	阎 Yán	游 Yóu	藏 Zāng	竺 Zhú
项 Xiàng	颜 Yán	尤 Yóu	曾 Zēng	祝 Zhù
向 Xiàng	晏 Yàn	於 Yū	查 Zhā	庄 Zhuāng
萧 Xiāo	彦 Yàn	于 Yú	翟 Zhái	卓 Zhuō
谢 Xiè	燕 Yàn	余 Yú	詹 Zhān	宗 Zōng
解 Xiè	杨 Yáng	俞 Yú	湛 Zhàn	邹 Zōu
辛 Xīn	阳 Yáng	鱼 Yú	章 Zhāng	祖 Zǔ
幸 Xìng	姚 Yáo	虞 Yú	张 Zhāng	左 Zuǒ
邢 Xíng				

Double-word Surnames

东郭	Dōngguō	司徒	Sītú
公孙	Gōngsūn	澹台	Tántái
皇甫	Huángfǔ	西门	Xīmén
慕容	Mùróng	夏侯	Xiàhóu
欧阳	Ōuyáng	轩辕	Xuānyuán
单于	Shànyú	尉迟	Yùchí
上官	Shàngguān	乐正	Yuèzhèng
司空	Sīkōng	诸葛	Zhūgě
司马	Sīmǎ	左丘	Zuǒqiū

CHINESE NAMES
IN HANYU PINYIN

| 阿 Ā | usually used with the second word of a name in familiar affection and informal address |

Ex:	~佳	~玉	~明	~真	~祥	~霖	~龙
	Jiā	Yù	Míng	Zhēn	Xiáng	Lín	Lóng

| 蔼 F Ǎi | friendly; amiable |

Ex:	~仁	~容	~幼	~友	~颖	~逸	~燕
	Rén	Róng	Yòu	Yǒu	Yǐng	Yì	Yàn

| 爱 F Ài | 1. love; affection 2. like; be fond of 3. cherish; treasure 4. be apt to |

Ex:	~全	~德	~乐	~莲	~美	~琳	~萍
	Quán	Dé	Lè	Lián	Měi	Lín	Píng

| 安 M Ān | 1. peaceful; quiet 2. calm; set at ease 3. rest content; be satisfied 4. safe; secure |

(handwritten annotations: elegant, grand, good, talented; emit; rises; stand; erect)

Ex:	~文	~隆	~福	~豪	~斌	~发	~立
	Wén	Lóng	Fú	Háo	Bīn	Fā	Lì

(handwritten annotations: retired, intense, fortune, bold, start; grow, upright)

| 昂 M Áng | 1. hold high 2. high-spirited |

Ex:	~节	~伟	~轩	~达	~泰	~才	~然
	Jié	Wěi	Xuān	Dá	Tài	Cái	Rán

	子~	之~	仲~	运~	松~	笑~	耀~
	Zǐ	Zhī	Zhòng	Yùn	Sōng	Xiào	Yào

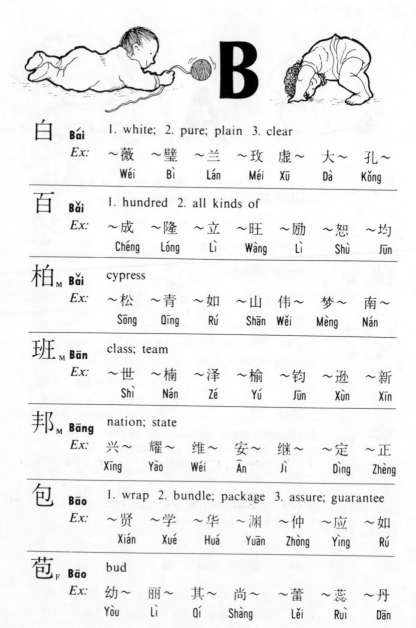

B

白 Bái 1. white; 2. pure; plain 3. clear

Ex: ～薇 ～璧 ～兰 ～玫 虚～ 大～ 孔～

Wéi   Bì   Lán   Méi   Xū   Dà   Kǒng

百 Bǎi 1. hundred 2. all kinds of

Ex: ～成 ～隆 ～立 ～旺 ～励 ～恕 ～均

Chéng   Lóng   Lì   Wàng   Lì   Shù   Jūn

柏ₘ Bǎi cypress

Ex: ～松 ～青 ～如 ～山 伟～ 梦～ 南～

Sōng   Qīng   Rú   Shān   Wěi   Mèng   Nán

班ₘ Bān class; team

Ex: ～世 ～楠 ～泽 ～榆 ～钧 ～逊 ～新

Shì   Nán   Zé   Yú   Jūn   Xùn   Xīn

邦ₘ Bāng nation; state

Ex: 兴～ 耀～ 维～ 安～ 继～ ～定 ～正

Xīng   Yào   Wéi   Ān   Jì   Dìng   Zhèng

包 Bāo 1. wrap 2. bundle; package 3. assure; guarantee

Ex: ～贤 ～学 ～华 ～渊 ～仲 ～应 ～如

Xián   Xué   Huá   Yuān   Zhòng   Yìng   Rú

苞ꜰ Bāo bud

Ex: 幼～ 丽～ 其～ 尚～ ～蕾 ～蕊 ～丹

Yòu   Lì   Qí   Shàng   Lěi   Ruì   Dān

24

褒	**Bāo**	praise; honour						
	Ex:	～吉	～嘉	～英	～淳	～康	宗～	金～
		Jí	Jiā	Yīng	Chún	Kāng	Zōng	Jīn

宝	**Bǎo**	1. treasure 2. precious						
	Ex:	～树	～玉	～钗	～德	天～	荣～	汉～
		Shù	Yù	Chāi	Dé	Tiān	Róng	Hàn

保	**Bǎo**	1. protect; defend 2. keep; maintain 3. guarantee; ensure						
	Ex:	～国	～达	～成	～通	～梅	～浩	～元
		Guó	Dá	Chéng	Tōng	Méi	Hào	Yuán

葆	**Bǎo**	1. luxuriant growth 2. preserve; nurture						
	Ex:	～芳	～德	～良	～景	～羽	～骏	～金
		Fāng	Dé	Liáng	Jǐng	Yǔ	Jùn	Jīn

报 M	**Bào**	1. report; announce 2. reply; respond 3. recompense; requite						
	Ex:	～国	～根	～祖	～智	～学	～捷	～仁
		Guó	Gēn	Zǔ	Zhì	Xué	Jié	Rén

北	**Běi**	north						
	Ex:	冠～	照～	昭～	～祺	～斗	～光	～生
		Guān	Zhào	Zhāo	Qí	Dǒu	Guāng	Shēng

贝	**Bèi**	shellfish						
	Ex:	～玉	～丽	珠～	苡～	端～	连～	兴～
		Yù	Lì	Zhū	Yǐ	Duān	Lián	Xīng

备	**Bèi**	1. be equipped 2. prepare; get ready 3. fully						
	Ex:	祖～	谷～	～根	～清	～元	～壮	～十
		Zhǔ	Gǔ	Gēn	Qīng	Yuán	Zhuàng	Shí

倍 **Bèi** 1. times 2. double

Ex: ～成 ～颖 ～穗 ～坚 ～立 ～正 ～青
Chéng Yǐng Suì Jiān Lì Zhèng Qīng

本 ₘ **Běn** 1. the root of a plant 2. foundation; basis
3. capital; principal 4. original

Ex: ～立 ～瑞 ～祚 ～彦 ～仁 ～端 ～渊
Lì Ruì Zuò Yàn Rén Duān Yuān

比 **Bǐ** 1. compare; contrast 2. compete; match 3. close
together

Ex: ～玉 ～超 ～道 ～仁 ～直 ～诚 ～知
Yù Chāo Dào Rén Zhí Chéng Zhī

必 **Bì** 1. certainly; surely 2. must

Ex: ～珍 ～晖 ～威 ～翰 ～纯 ～顺 ～希
Zhēn Huī Wēi Hàn Chún Shùn Xī

碧 ₈ **Bì** green jade

Ex: ～莉 ～玉 ～丽 ～如 ～珍 ～波 怀～
Lì Yù Lì Rú Zhēn Bō Huái

璧 **Bì** a round, flat piece of jade

Ex: 白～ 家～ 佳～ 如～ 开～ ～华 ～君
Bái Jiā Jiā Rú Kāi Huá Jūn

辨 **Biàn** differentiate; distinguish; discriminate

Ex: 明～ 悦～ ～初 ～华 ～才 ～智 ～辉
Míng Yuè Chū Huá Cái Zhì Huī

标 ₘ **Biāo** 1. mark; sign 2. prize; award

Ex: 文～ 得～ 锦～ 祖～ 振～ 先～ 尚～
Wén Dé Jǐn Zǔ Zhèn Xiān Shàng

彪 M **Biāo**   young tiger

Ex: 洪～   伟～   文～   汉～   正～   宇～   ～国

Hóng   Wěi   Wén   Hàn   Zhèng   Yǔ   Guó

镖 M **Biāo**   a dartlike weapon

Ex: 刚～   宏～   达～   兴～   明～   庄～   克～

Gāng   Hóng   Dá   Xīng   Míng   Zhuāng   Kè

表 **Biǎo**   1. show; express   2. model; example

Ex: ～德   ～信   ～义   ～华   ～举   ～川   ～善

Dé   Xìn   Yì   Huá   Jǔ   Chuān   Shàn

宾 **Bīn**   guest

Ex: ～石   ～懋   ～世   ～庆   ～仲   ～圣   国～

Shí   Mào   Shì   Qìng   Zhòng   Shèng   Guó

彬 **Bīn**   refined and courteous

Ex: ～恒   ～如   ～章   ～容   为～   质～   乃～

Héng   Rú   Zhāng   Róng   Wéi   Zhì   Nǎi

      惠～   悦～   振～   庆～   之～   文～   幸～

Huì   Yuè   Zhèn   Qìng   Zhī   Wén   Xìng

冰 F **Bīng**   ice

Ex: ～洁   ～慧   ～心   ～清   ～茜   ～黛   ～英

Jié   Huì   Xīn   Qīng   Xī   Dài   Yīng

兵 M **Bīng**   soldier

Ex: 小～   铁～   爱～   国～   汉～   炎～   民～

Xiǎo   Tiě   Ài   Guó   Hàn   Yán   Mín

秉 M **Bǐng**   1. grasp; hold   2. control

Ex: ～炎   ～宗   ～先   ～公   ～明   ～彦   ～和

Yán   Zōng   Xiān   Gōng   Míng   Yàn   Hé

炳 ᴍ **Bǐng**   bright; splendid; remarkable

Ex: ～文 ～思 ～惠 ～德 ～流 ～坡 ～柱
      Wén   Sī   Huì   Dé   Liú   Pō   Zhù

波 **Bō**   wave

Ex: 秀～ 清～ 洪～ 柳～ 静～ 净～ ～涛
      Xiù   Qīng Hóng Liǔ   Jìng Jìng Táo

伯 ᴍ **Bó**   the eldest of brothers

Ex: 元～ 尧～ ～齐 ～夷 ～华 ～弘 ～淳
      Yuán Yáo   Qí   Yí   Huá   Hóng Chún

勃 ᴍ **Bó**   thriving; vigorous; exuberant; full of enthusiasm

Ex: ～昌 ～灿 ～斐 ～洋 ～强 ～盛 ～升
      Chāng Càn   Fěi   Yáng Qiáng Shèng Shēng

博 ᴍ **Bó**   rich; plentiful

Ex: ～渊 ～达 ～烨 ～霖 ～泽 ～典 俊～
      Yuān   Dá   Yè   Lín   Zé   Diǎn Jùn

步 **Bù**   1. step; pace 2. walk; go on foot

Ex: ～慎 ～前 ～勤 ～青 ～庄 ～泰 ～绥
      Shèn Qián   Qín   Qīng Zhuāng Tài   Suí

      守～ 弘～ 浩～ 珍～ 长～ 欣～
      Shǒu   Hóng   Hào   Zhēn Cháng Xīn

 # C

才	Cái	1. ability; talent 2. capable person						
	Ex:	文～	建～	多～	德～	华～	升～	贤～
		Wén	Jiàn	Duō	Dé	Huá	Shēng	Xián

材	Cái	1. timber; material 2. ability; talent						
	Ex:	国～	拯～	瑞～	希～	庆～	大～	栋～
		Guó	Zhěng	Ruì	Xī	Qìng	Dà	Dòng

采	Cǎi	1. pick; pluck; gather 2. complexion; spirit						
	Ex:	扬～	华～	绮～	仪～	艺～	～本	～发
		Yáng	Huá	Qǐ	Yí	Yì	Běn	Fā

彩 F	Cǎi	1. colour 2. cheer 3. variety; splendid 4. prize						
	Ex:	～云	～虹	～薇	～凤	光～	喜～	华～
		Yún	Hóng	Wēi	Fèng	Guāng	Xǐ	Huá

灿	Càn	magnificent; splendid; bright						
	Ex:	国～	伟～	显～	耀～	希～	辉～	～华
		Guó	Wěi	Xiǎn	Yào	Xī	Huī	Huá

粲	Càn	bright; beaming; smile						
	Ex:	美～	舒～	～颜	～姿	～珠	～妍	～容
		Měi	Shū	Yán	Zī	Zhū	Yàn	Róng

璨	Càn	bright; resplendent; dazzling						
	Ex:	玉～	真～	昆～	～琨	～杰	～德	～辉
		Yù	Zhēn	Kūn	Kūn	Jié	Dé	Huī

沧 M **Cāng**　(of the sea) dark blue

Ex:　之~　太~　澄~　洪~　~粟　~君　~宾
　　　　Zhī　Tài　Chéng　Hóng　Sù　Jūn　Bīn

苍 M **Cāng**　dark green pines

Ex:　~逸　~宇　~浒　~霈　~望　宏~　弘~
　　　　Yì　Yǔ　Hǔ　Pèi　Wàng　Hóng　Hóng

操 M **Cāo**　1. grasp; hold　2. conduct; behaviour

Ex:　德~　振~　智~　立~　~政　~运　~勇
　　　　Dé　Zhèn　Zhì　Lì　Zhèng　Yùn　Yǒng

策 M **Cè**　plan; scheme

Ex:　国~　肃~　民~　~高　~扬　~宣　~群
　　　　Guó　Sù　Mín　Gāo　Yáng　Xuān　Qún

婵 F **Chán**　1. lovely (used in ancient writings to describe women)　2. the moon

Ex:　爱~　美~　雅~　~望　~耀　~逸　~媛
　　　　Ài　Měi　Yǎ　Wàng　Yào　Yì?　Yuán

昌 M **Chāng**　prosperous; flourishing

Ex:　丰~　运~　~家　~盛　~若　~顺　~圣
　　　　Fēng　Yùn　Jiā　Shèng　Ruò　Shùn　Shèng

长 **Cháng**　1. long　2. strong point

Ex:　~治　~惠　~彦　~荣　~源　允~　元~
　　　　Zhì　Huì　Yàn　Róng　Yuán　Yǔn　Yuán

常 **Cháng**　1. constant　2. frequently

Ex:　~青　~惠　~通　~润　~霖　~敬　~逸
　　　　Qīng　Huì　Tōng　Rùn　Lín　Jìng　Yì

嫦 F **Cháng** the goddess of the moon

Ex: 玉~ 华~ 皓~ 恒~ 纯~ 如~ 翠~
     Yù   Huá Hào Héng Chún Rú   Cuì

昶 M **Chǎng** long day

Ex: 永~ 平~ 明~ 吉~ 焕~ 坦~ 颐~
     Yǒng Píng Míng Jí   Huàn Tǎn Yí

畅 **Chàng** 1. smooth; fluent 2. free

Ex: ~源 ~美 ~达 ~遂 务~ 承~ 慕~
     Yuán Měi Dá   Suí   Wù   Chéng Mù

超 M **Chāo** 1. exceed; surpass 2. ultra; super

Ex: 德~ 智~ 文~ 蔚~ 立~ 达~ 光~
     Dé   Zhì Wén Wèi Lì   Dá   Guāng

     志~ ~远 ~纯 ~峰 ~锦 ~群 ~玄
     Zhì Yuǎn Chún Fēng Jǐn Qún Xuán

朝 **Cháo** facing; towards

Ex: 肃~ 云~ 贯~ ~瞻 ~仁 ~懋 ~良
     Sù   Yún Guàn Zhān Rén Mào Liáng

潮 **Cháo** tide

Ex: 泓~ 元~ 哲~ 绪~ 欣~ 熙~ 颂~
     Hóng Yuán Zhé Xù   Xīn Xī   Sòng

琛 **Chēn** treasure

Ex: 汉~ 瑞~ 佩~ 明~ 义~ ~成 ~玮
     Hàn Ruì Pèi Míng Yì   Chéng Wěi

辰 **Chén** celestial bodies; star

Ex: 维~ 美~ 良~ 悦~ 景~ ~晖 ~遂
     Wéi Měi Liáng Yuè Jǐng Huī Suí

31

晨 Chén morning

Ex: 亮~ 旺~ 绮~ 锦~ ~辉 ~晖 ~星
Liàng Wàng Qǐ Jǐn Huī Huī Xīng

成 Chéng 1. accomplish; succeed 2. achievement; result
3. fully developed 4. able; capable

Ex: ~德 ~则 ~远 ~功 ~真 亚~ 达~
Dé Zé Yuǎn Gōng Zhēn Yà Dá

诚 Chéng sincere; honest

Ex: ~恕 ~谦 ~禧 立~ 淳~ 以~ 铭~
Shù Qiān Xǐ Lì Chún Yǐ Mín

承 M Chéng continue

Ex: ~渊 ~先 ~祚 ~明 ~彦 ~德 ~志
Yuān Xiān Zuò Míng Yàn Dé Zhì

程 M Chéng 1. rule; order 2. journey

Ex: 伟~ 观~ ~广 ~望 ~坦 ~庄 ~康
Wěi Guān Guǎng Wàng Tǎn Zhuāng Kāng

骋 M Chěng gallop; dash

Ex: ~愿 ~怀 ~涵 进~ 壮~ 游~ 乐~
Yuàn Huái Hán Jìn Zhuàng Yóu Lè

驰 M Chí 1. gallop 2. speed

Ex: ~程 ~原 ~展 ~意 ~艺 朗~ 光~
Chéng Yuán Zhǎn Yì Yì Lǎng Guāng

持 M Chí 1. hold; grasp 2. support; maintain 3. prudent;
cautious; discreet

Ex: ~重 ~恒 ~成 ~尚 ~勤 ~伦 ~诚
Zhòng Héng Chéng Shàng Qín Lún Chéng

冲	**Chōng**	1. rush; dash 2. important place					
	Ex:	～登	～腾	～云	～霄	～锦	宇～	玉～
		Dēng	Téng	Yún	Xiāo	Jǐn	Yǔ	Yù

充 M	**Chōng**	1. sufficient; full 2. substantial					
	Ex:	～实	～栋	璧～	裕～	兴～	益～	陶～
		Shí	Dòng	Bì	Yù	Xīng	Yì	Táo

崇	**Chóng**	high; lofty; sublime					
	Ex:	～山	～茂	～裕	～禧	～度	～莲	～衡
		Shān	Mào	Yù	Xǐ	Dù	Lián	Héng

初	**Chū**	at the beginning					
	Ex:	～凤	～人	～原	～庄	～升	～梅	～夏
		Fèng	Rén	Yuán	Zhuāng	Shēng	Méi	Xià
		之～	立～	和～	丰～	恕～	明～	煦～
		Zhī	Lì	Hé	Fēng	Shù	Míng	Xù

础 M	**Chǔ**	the stone base of a column					
	Ex:	固～	华～	～石	～实	～台	～立	～成
		Gù	Huá	Shí	Shí	Tái	Lì	Chéng

楚	**Chǔ**	clear; tidy; neat					
	Ex:	～君	～人	～媛	～芳	～良	～菊	～倩
		Jūn	Rén	Yuán	Fāng	Liáng	Jú	Qiàn

川	**Chuān**	river					
	Ex:	大～	乾～	合～	锦～	玉～	百～	～壑
		Dà	Qián	Hé	Jǐn	Yù	Bǎi	Hè

传 M	**Chuán**	pass; pass on; hand down					
	Ex:	～烈	～薪	～璧	～福	岳～	慕～	荣～
		Liè	Xīn	Bì	Fú	Yuè	Mù	Róng

创 _M **Chuàng** create; start; achieve

Ex:

~基	~先	~业	~英	~安	开~	启~
Jī	Xiān	Yè	Yīng	Ān	Kāi	Qǐ

春 **Chūn** 1. spring 2. love 3. life

Ex:

~权	~花	~雨	~桃	~华	茂~	遇~
Quán	Huā	Yǔ	Táo	Huá	Mào	Yù

纯 **Chún** 1. pure; simple 2. skilful

Ex:

~然	~明	~纯	~正	超~	慈~	青~
Rán	Míng	Chún	Zhèng	Chāo	Cí	Qīng

淳 **Chún** pure; honest

Ex:

厚~	明~	季~	少~	~静	~骞	~甫
Hòu	Míng	Jì	Shào	Jìng	Qiān	Fǔ

绰 **Chuò** ample; spacious

Ex:

~君	~生	~卿	~冠	~姿	介~	宝~
Jūn	Shēng	Qīng	Guàn	Zī	Jiè	Bǎo

慈 _F **Cí** kind; loving; tender-hearted

孝~	巧~	欣~	念~	素~	美~	容~
Xiào	Qiǎo	Xīn	Niàn	Sù	Měi	Róng
澍~	秋~	~和	~禧	~贤	~华	~旭
Shù	Qiū	Hé	Xǐ	Xián	Huá	Xù

聪 **Cōng** bright; intelligent

Ex:

斯~	敏~	永~	玉~	~盛	~慧	~美
Sī	Mǐn	Yǒng	Yù	Shèng	Huì	Měi

从 **Cóng** 1. follow; follower 2. join

Ex:

~善	~兰	~俊	~健	~光	~康	~庄
Shàn	Lán	Jùn	Jiàn	Guāng	Kāng	Zhuāng

琮 **Cóng**	a long, hollow piece of jade						
Ex:	金～	元～	玉～	光～	～环	～琪	～翰
	Jīn	Yuán	Yù	Guāng	Huán	Qí	Hàn

璀 F **Cuǐ**	bright; resplendent						
Ex:	玉～	瑶～	新～	美～	～琼	～璎	～芳
jade?	Yù	Yáo	Xīn	Měi	Qióng	Yīng	Fāng

粹 **Cuì**	pure; the best						
Ex:	兆～	肇～	美～	国～	元～	～英	～芳
	Zhào	Zhào	Měi	Guó	Yuán	Yīng	Fāng

翠 F **Cuì**	emerald green						
Ex:	～玉	～菡	～茵	～荷	～凤	～钿	～翠
jade	Yù	Hàn	Yīn	Hé	Fèng	Diàn	Cuì
	兰～	芳～	品～	怡～	苗～	禾～	良～
	Lán	Fāng	Pǐn	Yí	Miáo	Hé	Liáng

35

达 ₘ **Dá** 1. extend; reach 2. understand thoroughly
3. eminent; distinguished

Ex: 亨～ 显～ 全～ 贤～ ～祚 ～良 ～龙
Hēng Xiǎn Quán Xián Zuò Liáng Lóng

大 **Dà** 1. big; large; heavy 2. greatly; fully 3. eldest

Ex: ～齐 ～龙 ～平 ～中 ～飞 ～涵 学～
Qí Lóng Píng Zhōng Fēi Hán Xué

岱 **Dài** another name for Taishan, a famous mountain in
China

Ex: 亨～ 玉～ 朗～ 磐～ 宝～ ～王 ～明
Hēng Yù Lǎng Pán Bǎo Wáng Míng

玳 **Dài** hawkskill turtle

Ex: ～茜 ～熙 ～尧 ～琚 ～心 飞～ 珮～
Xī Xī Yáo Jū Xīn Fēi Pèi

黛 ꜰ **Dài** a black pigment

Ex: ～玉 ～婷 ～娜 ～燕 眉～ 华～ 美～
Yù Tíng Nuó Yàn Méi Huá Měi

丹 **Dān** red

Ex: ～心 ～颜 ～亮 ～章 恬～ 景～ 言～
Xīn Yán Liàng Zhāng Tián Jǐng Yán

旦 **Dàn** dawn; daybreak

Ex: ～祐 ～雅 ～希 ～韬 ～辰 ～明 ～帆
Yòu Yǎ Xī Tāo Chén Míng Fán

淡 **Dàn** thin; light

Ex: ~莹 ~如 ~蓉 ~志 ~思 ~名 ~辉
Yíng   Rú   Róng   Zhì   Sī   Míng   Huī

导 **Dǎo** lead; guide

Ex: 慎~ 益~ 远~ 兴~ 元~ ~良 ~宁
Shèn   Yì   Yuǎn   Xīng   Yuán   Liáng   Níng

道 **Dào** 1. road; way; method 2. principle; truth

Ex: ~真 ~冲 ~元 ~文 ~林 博~ 明~
Zhēn   Chōng   Yuán   Wén   Lín   Bó   Míng

德 **Dé** 1. virtue; morals 2. heart; mind 3. kindness

Ex: ~祖 ~润 ~谋 ~操 ~琏 ~渊 ~绪
Zǔ   Rūn   Móu   Cāo   Lián   Yuān   Xù

灯 **Dēng** lamp; light

Ex: 明~ 香~ 莲~ 春~ 金~ ~甫 ~志
Míng   Xiāng   Lián   Chūn   Jīn   Fǔ   Zhì

登 **Dēng** 1. ascend; mount; scale (a height) 2. publish; record; enter 3. step on

Ex: 以~ 丰~ 高~ ~坦 ~品 ~贤 ~扬
Yǐ   Fēng   Gāo   Tǎn   Pǐn   Xián   Yáng

迪 **Dí** enlighten; guide

Ex: 鸿~ 昭~ 能~ ~珂 ~晖 ~圭 ~宾
Hóng   Zhāo   Néng   Kē   Huī   Guī   Bīn

笛 **Dí** bamboo flute

Ex: 玉~ 小~ 飞~ 怡~ 怀~ 念~ 妙~
Yù   Xiǎo   Fēi   Yí   Huái   Niàn   Miào

弟 Dì younger brother

Ex: 宜～ 绥～ 佳～ 君～ 端～ 宁～ 显～
Yí Suí Jiā Jūn Duān Níng Xiǎn

棣 Dì younger brother

Ex: 棠～ 箕～ 怡～ 宁～ 庆～ ～花 ～兴
Táng Jī Yí Níng Qìng Huā Xīng

蒂 F Dì the base of a fruit

Ex: 茂～ 吉～ 兰～ 蕙～ 华～ ～君 ～英
Mào Jí Lán Huì Huá Jūn Yīng

典 Diǎn 1. standard; law 2. ceremony 3. model; type

Ex: 文～ 儒～ 念～ 芳～ 锦～ 隆～ ～炽
Wén Rǔ Niàn Fāng Jǐn Lóng Chì

蝶 Dié butterfly

Ex: 梦～ 化～ 飞～ ～媛 ～翩 ～姿 ～婷
Mèng Huà Fēi Yuán Piān Zī Tíng

丁 M Dīng 1. man 2. able-bodied

Ex: 沃～ 雄～ 道～ ～英 ～裕 ～茂 ～绥
Wò Xióng Dào Yīng Yù Mào Suí

定 Dìng 1. calm; stable 2. fix; decide 3. surely; definitely

Ex: ～一 ～孝 ～裘 武～ 光～ 继～ 汝～
Yī Xiào Qiú Wǔ Guāng Jì Rǔ

克～ 思～ 顺～ 元～ ～中 ～邦 ～国
Kè Sī Shùn Yuán Zhōng Bāng Guó

东 M Dōng 1. east 2. host 3. master

Ex: 泽～ 振～ 华～ ～风 ～登 ～山 ～发
Zé Zhèn Huá Fēng Dēng Shān Fā

董	**Dǒng**	direct; supervise					
	Ex:	~谦	~雅	~义	~仪	~彦	~砚 家~
		Qiān	Yǎ	Yì	Yí	Yàn	Yàn Jiā

洞	**Dòng**	1. hole; cavity 2. thoroughly; penetratingly					
	Ex:	之~	淳~	玉~	~然	~卿	~钦 ~宾
		Zhī	Chún	Yù	Rán	Qīng	Qīn Bīn

栋 M	**Dòng**	pillar					
	Ex:	国~	家~	柱~	砥~	田~	福~ 刚~
		Guó	Jiā	Zhù	Dǐ	Tián	Fú Gāng
		可~	之~	~汉	~民	~梁	~康 ~天
		Kě	Zhi	Hàn	Mín	Liáng	Kāng Tiān

独	**Dú**	only; single					
	Ex:	~树	~玉	~石	~松	~帜	~能 ~恒
		Shù	Yù	Shí	Sōng	Zhì	Néng Héng

笃 M	**Dǔ**	sincere; earnest					
	Ex:	~悦	~诚	~实	~达	明~	启~ 喜~
		Yuè	Chéng	Shí	Dá	Míng	Qǐ Xǐ

杜 M	**Dù**	stop; prevent					
	Ex:	~克	~畏	~疾	~骞	~恙	迟~ 少~
		Kè	Wèi	Jí	Qiān	Yàng	Chí Shào

度	**Dù**	1. limit; degree 2. tolerance; magnanimity					
	Ex:	守~	明~	容~	有~	世~	~夷 ~余
		Shǒu	Míng	Róng	Yǒu	Shì	Yí Yú

端	**Duān**	1. beginning 2. end; point 3. upright; proper					
	Ex:	~璋	~木	~贤	~民	~辉	颂~ 发~
		Zhāng	Mù	Xián	Mín	Huī	Sòng Fā

敦 M **Dūn**　　honest; sincere

Ex:　～谦　　～和　　～纲　　～杰　尚～　崇～　　敬～
　　　　Qiān　　Hé　　Gāng　　Jié Shàng　Chóng　　Jìng

多　**Duō**　　much; more; many

Ex:　～伦　　～义　　～才　　～德　葆～　善～　　强～
　　　　Lún　　Yì　　Cái　　Dé Bǎo　Shàn　　Qiáng

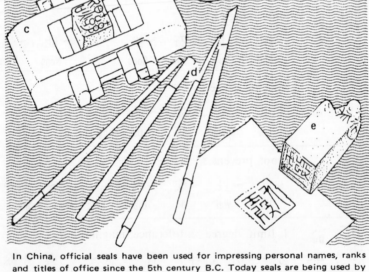

In China, official seals have been used for impressing personal names, ranks and titles of office since the 5th century B.C. Today seals are being used by Chinese individuals as a signature or a mark of possession on books, paintings, calligraphies and documents. Artists may even have several ornamental seals made for themselves.

Seal carving is an art and to many it has become a refined hobby. Here are shown the tools and materials: (a) ink bowl (b) red ink paste for making the imprint (c) wooden frame for holding the seal during carving (d) gravers and burins and (e) ivory ornamental seal with a knob in the form of a man.

E

娥 _F É — pretty young woman

Ex:

月~	玉~	琼~	嫦~	美~	彩~	翠~
Yuè	Yù	Qióng	Qiáng	Měi	Cǎi	Cuì

庆~	黛~	春~	~媛	~环	~华	~曼
Qìng	Dài	Chūn	Yuán	Huán	Huá	Màn

恩 Ēn — kindness; favour; grace

Ex:

守~	国~	滋~	梓~	天~	康~	侃~
Shǒu	Guó	Zī	Zǐ	Tiān	Kāng	Kǎn

~源	~庆	~来	~友	~福	~泽
Yuán	Qìng	Lái	Yǒu	Fú	Zé

儿 Ér — 1. child 2. male; son

Ex:

家~	佳~	贵~	端~	庆~	鲲~	鹏~
Jiā	Jiā	Guì	Duān	Qìng	Kūn	Péng

伟~	成~	瑞~	敏~	宛~	旺~	菊~
Wěi	Chéng	Ruì	Mǐn	Wǎn	Wàng	Jú

珥 Ěr — earring made of jade or pearl

Ex:

聪~	榕~	锦~	殷~	宗~	慈~	普~
Cōng	Róng	Jǐn	Yīn	Zōng	Cí	Pǔ

田~	福~	~常	~君	~均	~夫	~华
Tián	Fú	Cháng	Jūn	Jūn	Fū	Huá

 **F**

发 _M **Fā**   1. emit   2. rise; expand   3. start; set out; begin
4. develop; grow; carry forward; sprout

Ex:

东~	金~	有~	友~	维~	~祥	~耀
Dōng	Jīn	Yǒu	Yǒu	Wéi	Xiáng	Yào

法 _M **Fǎ**   1. law   2. method; way   3. standard; model

Ex:

~初	~智	~通	~宣	源~	秀~	威~
Chū	Zhì	Tōng	Xuān	Yuán	Xiù	Wēi

帆 _M **Fān**   sail

Ex:

一~	捷~	初~	远~	玄~	~顺	~畅
Yī	Jié	Chū	Yuǎn	Xuán	Shùn	Chàng

凡 **Fán**   ordinary

Ex:

超~	卓~	平~	处~	远~	~宝	~珍
Chāo	Zhuó	Píng	Chǔ	Yuǎn	Bǎo	Zhēn

繁 **Fán**   in great numbers; numerous

Ex:

~哉	~仲	~扬	异~	炳~	华~	则~
Zāi	Zhòng	Yáng	Yì	Bǐng	Huá	Zé

范 **Fàn**   pattern; model; example

Ex:

宗~	齐~	静~	宽~	趣~	~君	~英
Zōng	Qí	Jìng	Kuān	Qù	Jūn	Yīng

梵 **Fàn**   Buddhist

Ex:

~渊	~世	~昭	~衍	永~	长~	久~
Yuān	Shì	Zhāo	Yǎn	Yǒng	Cháng	Jiǔ

方	**Fāng**	1. square 2. upright; honest						
	Ex:	元~	显~	雍~	顾~	徽~	~俨	~刚
		Yuán	Xiǎn	Yōng	Gù	Huī	Yán	Gāng

芳	**Fāng**	1. sweet-smelling; fragrant 2. good (name or reputation); virtuous						
	Ex:	俊~	孝~	春~	正~	元~	逸~	~惠
		Jùn	Xiào	Chūn	Zhèng	Yuán	Yì	Huì

飞	**Fēi**	1. fly 2. swiftly						
	Ex:	大~	鹏~	陶~	奋~	季~	~倩	~颂
		Dà	Péng	Táo	Fèn	Jì	Qiàn	Sòng

菲	**Fēi**	1. luxuriant 2. rich with fragrance						
	Ex:	叙~	宪~	玄~	~茂	~通	~德	~冲
		Xù	Xiàn	Xuán	Mào	Tōng	Dé	Chōng

斐	**Fěi**	striking; brilliant						
	Ex:	~然	~思	~宣	绪~	综~	炳~	秉~
		Rán	Sī	Xuān	Xù	Zōng	Bǐng	Bǐng

翡 F	**Fěi**	jadeite						
	Ex:	~钏	~钗	~环	~璎	芳~	彩~	黛~
		Chuàn	Chāi	Huán	Yīng	Fāng	Cǎi	Dài

芬 F	**Fēn**	sweet smell; fragrance						
	Ex:	毓~	玉~	永~	景~	静~	~芝	~英
		Yù	Yù	Yǒng	Jǐng	Jìng	Zhī	Yīng

奋 M	**Fèn**	1. exert oneself 2. raise; lift						
	Ex:	学~	展~	~华	~康	~发	~扬	~飞
		Xué	Zhǎn	Huá	Kāng	Fā	Yáng	Fēi

丰	**Fēng**	1. abundant; plentiful 2. great 3. fine-looking; handsome						
	Ex:	~昌	~舜	~顺	~荪	可~	智~	惠~
		Chāng	Shùn	Shùn	Sūn	Kě	Zhì	Huì

风	**Fēng**	1. wind 2. scene; view 3. graceful bearing; elegant demeanour						
	Ex:	迈~	雄~	松~	良~	~徐	~梅	~适
		Mài	Xióng	Sōng	Liáng	Xú	Méi	Shì

枫	**Fēng**	maple						
	Ex:	~如	~红	~亮	秋~	金~	寒~	美~
		Rú	Hóng	Liàng	Qiū	Jīn	Hán	Měi

峰 M	**Fēng**	peak; summit						
	Ex:	青~	高~	超~	奇~	晓~	雪~	海~
		Qīng	Gāo	Chāo	Qí	Xiǎo	Xuě	Hǎi

锋 M	**Fēng**	the sharp point of a sword						
	Ex:	若~	文~	秀~	崇~	英~	怀~	剑~
		Ruò	Wén	Xiù	Chóng	Yīng	Huái	Jiàn

凤 F	**Fēng**	phoenix						
	Ex:	~翥	~羽	~仪	彩~	秀~	金~	翠~
		Zhù	Yǔ	Yí	Cǎi	Xiù	Jīn	Cuì

奉	**Fèng**	give or present with respect						
	Ex:	~训	~孝	~宗	~嗣	~倩	~先	~高
		Xùn	Xiào	Zōng	Sì	Qiàn	Xiān	Gāo

佛	**Fó**	Buddha						
	Ex:	~媛	~嫒	~莲	赞~	敬~	慕~	允~
		Yuán	Ài	Lián	Zàn	Jìng	Mù	Yǔn

夫 M **Fú**	husband; man						
Ex:	~之	逸~	宜~	惠~	彦~	介~	伟~
	Zhī	Yì	Yí	Huì	Yàn	Jiè	Wěi

芙 **Fú**	lotus						
Ex:	世~	美~	华~	笑~	~乐	~昌	~蓉
	Shì	Měi	Huá	Xiào	Lè	Chāng	Róng

孚 **Fú**	1. inspire confidence 2. enjoy high prestige						
Ex:	美~	仰~	厚~	~茂	~懋	~孟	~哲
	Měi	Yǎng	Hòu	Mào	Mào	Mèng	Zhé

福 **Fú**	good fortune; blessing; happiness						
Ex:	文~	连~	至~	荣~	~生	~中	~相
	Wén	Lián	Zhì	Róng	Shēng	Zhōng	Xiàng

甫 M **Fǔ**	just; only						
Ex:	~仁	~成	~宜	~德	~孝	~新	~刚
	Rén	Chéng	Yí	Dé	Xiào	Xīn	Gāng

阜 M **Fù**	1. mound 2. abundant						
Ex:	如~	彰~	延~	荏~	享~	厚~	仓~
	Rú	Zhāng	Yán	Rěn	Xiǎng	Hòu	Cāng

富 **Fù**	rich; wealthy; abundant						
Ex:	学~	致~	文~	~球	~龄	~年	~书
	Xué	Zhì	Wén	Qiú	Líng	Nián	Shū
	~粟	~铭	~昌	~盛	~坤	~余	~禾
	Sū	Míng	Chāng	Shèng	Kūn	Yú	Hé

G

甘 **Gān** sweet; pleasant

Ex: ～霖 ～怡 ～同 ～祥 葆～ 齐～ 春～
Lín Yí Tóng Xiáng Bǎo Qí Chūn

敢 M **Gǎn** bold; daring; courageous

Ex: ～仁 ～名 ～和 ～本 慕～ 欣～ 果～
Rén Míng Hé Běn Mù Xīn Guǒ

刚 M **Gāng** firm; strong; indomitable; vigorous; energetic

Ex: 正～ 守～ 澄～ 德～ 克～ ～健 ～鸿
Zhèng Shǒu Chéng Dé Kè Jiàn Hóng

纲 M **Gāng** 1. key link; guiding principle 2. outline; programme

Ex: 思～ 群～ 辉～ 治～ ～亮 ～明 ～通
Sī Qún Huī Zhì Liàng Míng Tōng

岗 M **Gǎng** hillock; mound

Ex: 高～ 卫～ 建～ 尚～ 颂～ ～泽 ～荫
Gāo Wèi Jiàn Shàng Sòng Zé Yīn

钢 M **Gàng** steel

Ex: 耀～ 硕～ 炼～ 大～ ～武 ～梁 ～栋
Yào Shuò Liàn Dà Wǔ Liáng Dòng

高 **Gāo** tall; high

Ex: ～岗 ～飞 ～冠 ～照 方～ 亮～ 德～
Gǎng Fēi Guān Zhào Fāng Liàng Dé

格 Gé   standard; pattern; style

Ex:

~致	~伦	~仁	~杰	~超	~洁	~贤
Zhì	Lún	Rén	Jié	Chāo	Jié	Xián

~贵	~琳	伟~	天~	太~	廉~	辛~
Guì	Lín	Wěi	Tiān	Tài	Lián	Xīn

根 Gēn   root; base

Ex:

~懋	~彰	~固	成~	立~	振~	可~
Mào	Zhāng	Gù	Chéng	Lì	Zhèn	Kě

庚 M Gēng   1. the seventh of the ten Heavenly Stems 2. age

Ex:

~武	~济	~奇	~良	阜~	希~	喜~
Wǔ	Jì	Qí	Liáng	Fù	Xī	Xǐ

耿 Gěng   1. bright 2. honest and just; upright

Ex:

~辉	~宓	~英	~绵	~训	~忠	适~
Huī	Mì	Yīng	Mián	Xùn	Zhōng	Shì

工 M Gōng   1. work; labour 2. be versed in; be good at

Ex:

力~	易~	伟~	宏~	~竣	~兴	~丰
Lì	Yì	Wěi	Hóng	Jùn	Xīng	Fēng

公 M Gōng   1. equitable; fair; just 2. male

Ex:

~超	~永	~允	~容	~慰	~为	~益
Chāo	Yǒng	Yǔn	Róng	Wèi	Wéi	Yì

功 Gōng   1. meritorious deed; exploit 2. achievement; result

Ex:

立~	幸~	端~	瑞~	隆~	~成	~勋
Lì	Xìng	Duān	Ruì	Lóng	Chéng	Xūn

恭 Gōng   respectful; reverent

Ex:

承~	敬~	逢~	~厚	~谦	~廉	~勉
Chéng	Jìng	Féng	Hòu	Qiān	Lián	Miǎn

谷	Gǔ	1. valley; gorge 2. cereal; grain						
	Ex:	虚～	怀～	守～	爱～	～容	～粟	～海
		Xū	Huái	Shǒu	Ài	Róng	Sù	Hǎi

鹄	Gǔ	target						
	Ex:	宗～	誉～	咏～	豫～	阳～	～寅	～佐
		Zōng	Yù	Yǒng	Yù	Yáng	Yǎn	Zuǒ

鼓 M	Gǔ	rouse; pluck up						
	Ex:	～友	～潮	～同	～涛	立～	重～	振～
		Yǒu	Cháo	Tóng	Tāo	Lì	Chóng	Zhèn

固 M	Gù	1. solid; firm 2. resolutely						
	Ex:	藏～	壑～	野～	育～	～宇	～佑	～本
		Cáng	Hè	Yě	Yù	Yǔ	Yòu	Běn

观	Guān	1. look at; watch; observe 2. sight; view 3. outlook; concept						
	Ex:	～烈	～岳	～松	～舒	祥～	煦～	绪～
		Liè	Yuè	Sōng	Shū	Xiáng	Xù	Xù

冠	Guān Guàn	1. hat 2. crown; corona 3. crest 1. the best 2. champion						
	Ex:	～杰	～生	～群	～吾	～亚	～华	～照
		Jié	Shēng	Qún	Wú	Yà	Huá	Zhào

光	Guāng	1. light; brightness 2. honour; glory						
	Ex:	～正	～远	～大	～然	弘～	潜～	竞～
		Zhèng	Yuǎn	Dà	Rán	Hóng	Qiǎn	Jìng

广	Guǎng	1. wide; vast 2. expand; spread						
	Ex:	有～	远～	逸～	～辛	～彬	～恒	～琴
		Yǒu	Yuǎn	Yì	Xīn	Bīn	Héng	Qín

圭 Guī — an elongated pointed tablet of jade

Ex:

锡~	宝~	玉~	惜~	喜~	~瑶	~侯
Xī	Bǎo	Yù	Xī	Xǐ	Yáo	Hoú

瑰F Guī — 1. rare; marvellous 2. treasure; gem 3. surpassingly beautiful; magnificent

Ex:

丽~	绍~	绮~	~霞	~云	~妍	~娴
Lì	Shào	Qǐ	Xiá	Yún	Yán	Xián

贵 Guì — 1. expensive 2. valuable; precious; noble

Ex:

贯~	孔~	熙~	班~	~云	~如	~豪
Guàn	Kǒng	Xī	Bān	Yún	Rú	Háo

桂 Guì — laurel as an emblem of victory or distinction

Ex:

~芳	~鸿	~泽	~宝	宗~	希~	姜~
Fāng	Hóng	Zé	Bǎo	Zōng	Xī	Jiāng

国 Guó — country; state; nation

Ex:

~权	~涛	~瑛	~藩	~祥	~霖	~祺
Quán	Tāo	Yīng	Fān	Xiáng	Lín	Qí

果 Guǒ — 1. fruit; result 2. resolute; determined

Ex:

立~	慧~	景~	志~	~宣	~成	~达
Lì	Huì	Jǐng	Zhì	Xuān	Chéng	Dá
~盛	~岳	~宗	~松	~诚	~夫	~久
Shèng	Yuè	Zōng	Sōng	Chéng	Fū	Jiǔ

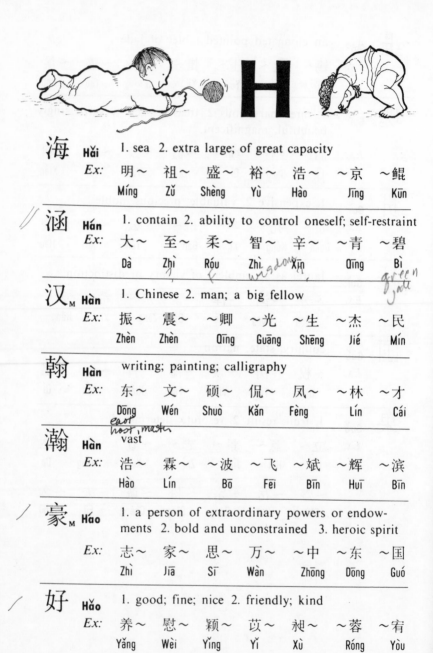

H

海 Hǎi 1. sea 2. extra large; of great capacity

Ex: 明~ 祖~ 盛~ 裕~ 浩~ ~京 ~鲲
　　Míng Zǔ Shèng Yù Hào Jīng Kūn

涵 Hán 1. contain 2. ability to control oneself; self-restraint

Ex: 大~ 至~ 柔~ 智~ 辛~ ~青 ~碧
　　Dà Zhì Róu Zhì Xīn Qīng Bì

汉ₘ Hàn 1. Chinese 2. man; a big fellow

Ex: 振~ 震~ ~卿 ~光 ~生 ~杰 ~民
　　Zhèn Zhèn Qīng Guāng Shēng Jié Mín

翰 Hàn writing; painting; calligraphy

Ex: 东~ 文~ 硕~ 侃~ 凤~ ~林 ~才
　　Dōng Wén Shuò Kǎn Fèng Lín Cái

瀚 Hàn vast

Ex: 浩~ 霖~ ~波 ~飞 ~斌 ~辉 ~滨
　　Hào Lín Bō Fēi Bīn Huī Bīn

豪ₘ Háo 1. a person of extraordinary powers or endowments 2. bold and unconstrained 3. heroic spirit

Ex: 志~ 家~ 思~ 万~ ~中 ~东 ~国
　　Zhì Jiā Sī Wàn Zhōng Dōng Guó

好 Hǎo 1. good; fine; nice 2. friendly; kind

Ex: 养~ 慰~ 颖~ 苡~ 昶~ ~蓉 ~宥
　　Yǎng Wèi Yǐng Yǐ Xù Róng Yòu

50

浩 M **Hào**   great; vast; grand

Ex: 养~   培~   原~   顺~   ~通   ~同   ~然
    Yǎng   Péi   Yuán   Shùn   Tōng   Tóng   Rán

皓 F **Hào**   white; bright; luminous

Ex: ~月   ~雪   ~洁   依~   蔓~   锦~   梦~
    Yuè   Xuě   Jié   Yī   Màn   Jǐn   Mèng

禾 M **Hé**   standing grain

Ex: 庄~   萱~   水~   ~生   ~茂   ~涛   ~立
    Zhuāng   Xuān   Shuǐ   Shēng   Mào   Tāo   Lì

flourishing   *great waves*   *upright*

河 **Hé**   river

Ex: 冀~   恕~   毓~   澄~   ~广   ~洪   ~朗
    Jì   Shù   Yù   Chéng   Guǎng   Hóng   Lǎng

和 **Hé**   1. kind; gentle; pleasant   2. harmony; peace

Ex: ~应   ~乐   ~慈   徐~   子~   晴~   人~
    Yìng   Lè   Cí   Xú   Zǐ   Qíng   Rén

    宽~   广~   安~   ~之   ~朋   ~君   ~士
    Kuān   Guǎng   Ān   Zhī   Péng   Jūn   Shì

荷 F **Hé**   lotus

Ex: 碧~   玉~   黛~   月~   ~婷   ~媛   ~君
    Bì   Yù   Dài   Yuè   Tíng   Yuán   Jūn

亨 **Hēng**   go smoothly; be prosperous

Ex: ~一   ~俦   ~岱   ~达   ~全   ~利   ~展
    Yī   Chóu   Dài   Dá   Quán   Lì   Zhǎn

恒 **Héng**   1. permanent; lasting; constant   2. perseverance

Ex: 彬~   祝~   广~   培~   ~本   ~怀   ~睦
    Bīn   Zhù   Guǎng   Péi   Běn   Huái   Mù

衡 **Héng** — the graduated arm of a steelyard

Ex: ～眉 ～璧 ～峰 ～帆 ～玉 锦～ 蔼～
Méi Bì Fēng Fān Yù Jǐn Ǎi

弘 M **Hóng** — great; grand; magnificent

Ex: 复～ 铭～ 望～ ～海 ～彪 ～丰 ～范
Fù Míng Wàng Hǎi Biāo Fēng Fàn

红 **Hóng** — 1. red 2. symbol of success 3. revolutionary

Ex: ～舫 ～炽 ～榕 ～陶 ～焕 馨～ 大～
Fǎng Chì Róng Táo Huàn Xīn Dà

宏 M **Hóng** — great; grand; magnificent

Ex: ～量 ～亮 ～轩 ～声 ～镜 正～ 士～
Liàng Liàng Xuān Shēng Jìng Zhèng Shì

泓 M **Hóng** — (of water) deep

Ex: ～渊 ～塘 ～谷 ～稼 ～湄 ～涛 ～川
Yuān Táng Gǔ Jià Méi Tāo Chuān

洪 M **Hóng** — 1. big; vast 2. flood

Ex: ～波 ～流 ～濡 ～浈 ～澜 ～深 ～泉
Bō Liú Rú Zhēn Lán Shēn Quán

～原 海～ ～中 俊～ 盛～ 一～ 上～
Yuán Hǎi Zhōng Jùn Shèng Yī Shàng

虹 **Hóng** — rainbow

Ex: 彩～ 影～ 映～ 冷～ 春～ 天～ 景～
Cǎi Yǐng Yìng Lěng Chūn Tiān Jǐng

鸿 M **Hóng** — 1. swan; goose 2. great; grand

Ex: ～翔 ～祥 ～训 ～盛 庆～ 远～ 彦～
Xiáng Xiáng Xùn Shèng Qìng Yuǎn Yàn

侯 M **Hóu**   marquis; nobleman

Ex:

孟~	细~	伯~	典~	云~	致~	平~
Mèng	Xì	Bó	Diǎn	Yún	Zhì	Píng

厚 M **Hòu**   1. kind 2. large; generous 3. favour

Ex:

德~	坤~	敦~	谦~	~志	~学	~竹
Dé	Kūn	Dūn	Qiān	Zhì	Xué	Zhú

湖 **Hú**   lake

Ex:

~蔚	~湄	~园	~兰	~泉	怡~	庆~
Wèi	Méi	Yuán	Lán	Quán	Yí	Qìng

虎 M **Hǔ**   tiger

Ex:

玉~	秋~	铜~	骏~	诗~	卧~	藏~
Yù	Qiū	Tóng	Jùn	Shī	Wò	Cáng

琥 **Hǔ**   amber

Ex:

玉~	俊~	瑗~	稽~	祐~	~珀	~环
Yù	Jùn	Yuàn	Jī	Yòu	Pò	Huán

花 F **Huā**   1. flower 2. blossom; bloom

Ex:

飞~	琅~	芳~	明~	~梦	~雨	~蹊
Fēi	Láng	Fāng	Míng	Mèng	Yǔ	Xī

华 **Huá**   1. magnificent; splendid; gorgeous 2. prosperous; flourishing; luxurious 3. best part; cream 4. China

Ex:

玉~	星~	香~	诗~	~亭	~砚	~卉
Yù	Xīng	Xiāng	Shī	Tíng	Yàn	Huì

怀 **Huái**   1. bosom 2. mind; think of

Ex:

虚~	健~	谦~	宽~	~笃	~梧	~谷
Xū	Jiàn	Qiān	Kuān	Dǔ	Wú	Gǔ

槐 Huái   Chinese scholartree

Ex:

云~	玉~	雅~	静~	雪~	湘~	佳~
Yún	Yù	Yǎ	Jìng	Xuě	Xiāng	Jiā

欢 Huān   joyous; merry; jubilant

Ex:

怜~	念~	复~	韶~	~萱	~祥	~渝
Lián	Niàn	Fù	Sháo	Xuān	Xiáng	Yú

环ꜰ Huán   1. sing 2. link; surround

Ex:

玉~	素~	绣~	璇~	瑞~	~翠	~婵
Yù	Sù	Xiù	Xuán	Ruì	Cuì	Chán

焕ᴍ Huàn   shining; glowing

Ex:

~章	~奎	~淞	~淇	钦~	悦~	世~
Zhāng	Kuí	Sōng	Qí	Qīn	Yuè	Shì
~行	~洁	~光	廉~	理~	新~	容~
Xíng	Jié	Guāng	Lián	Lǐ	Xīn	Róng

凰ꜰ Huáng   phoenix

Ex:

运~	史~	茜~	璟~	绮~	缨~	凤~
Yùn	Shǐ	Xī	Jǐng	Qǐ	Yīng	Fèng

煌ᴍ Huáng   bright; brilliant

Ex:

耀~	炽~	炫~	~烈	~华	~炳	~辉
Yào	Chì	Xuàn	Liè	Huá	Bǐng	Huī

晖 Huī   sunshine; sunlight

Ex:

乃~	日~	春~	远~	元~	颖~	奉~
Nǎi	Rì	Chūn	Yuǎn	Yuán	Yǐng	Fèng

辉 Huī   brightness; splendour; shine

Ex:

光~	星~	潜~	明~	允~	宣~	耀~
Guāng	Xīng	Qián	Míng	Yǔn	Xuān	Yào

卉 F Huì	various kinds of grass						
Ex:	美~	香~	粉~	玉~	婷~	~芳	~锦
	Měi	Xiāng	Fěn	Yù	Tíng	Fāng	Jǐn

慧 F Huì	1. intelligent; bright 2. wisdom						
Ex:	~培	~娟	~娥	~心	秀~	巧~	乃~
	Péi	Juān	é	Xīn	Xiù	Qiǎo	Nǎi

蕙 F Huì	a species of orchid						
Ex:	沅~	宠~	庄~	静~	纫~	~倩	~玉
	Yuán	Chǒng	Zhuāng	Jìng	Rèn	Qiàn	Yù

惠 Huì	favour; kindness; benefit						
Ex:	~恕	~彦	~明	~霖	~贤	~祯	~君
	Shù	Yàn	Míng	Líng	Xián	Zhēn	Jūn
	锡~	望~	天~	~彬	~民	~新	~施
	Xī	Wàng	Tiān	Bīn	Mín	Xīn	Shī

J

基 ᴍ Jī   base; foundation; key

Ex: 绍～ 鸿～ 振～ 瑞～ 国～ 祖～ ～成
       Shào Hóng Zhèn Ruì Guó Zǔ Chéng

绩 ᴍ Jī   achievement; accomplishment; merit

Ex: 俊～ 廉～ 向～ 迺～ 士～ 万～ 悦～
       Jùn Lián Xiàng Nǎi Shì Wàn Yuè

吉 Jí   lucky; propitious; auspicious

Ex: ～甫 ～豪 ～勋 ～熙 咏～ 逢～ 万～
       Fǔ Háo Xūn Xī Yǒng Féng Wàn

纪 Jì   1. discipline 2. put down in writing; record
             3. age; epoch

Ex: ～桐 ～旋 ～旺 ～佳 ～真 ～晖 ～盛
       Tóng Xuán Wàng Jiā Zhēn Huī Shèng

季 Jì   1. season 2. the fourth or youngest among
             brothers

Ex: ～将 ～顺 ～常 ～道 ～仁 ～澍 ～岳
       Jiāng Shùn Cháng Dào Rén Shù Yuè

继 ᴍ Jì   continue; succeed; follow

Ex: ～尧 ～唐 ～棠 ～槐 ～奎 ～涛 祖～
       Yáo Táng Táng Huái Kuí Tāo Zǔ

济 Jì   1. aid; relieve; help 2. be of help; benefit

Ex: ～世 ～宇 ～凡 ～众 ～美 ～任 ～威
       Shì Yǔ Fán Zhòng Měi Rèn Wēi

霁	Jì	cease raining or snowing					
	Ex:	～雪	～朗	～和	～泰	～霖	～喜	～晖
		Xuě	Lǎng	Hé	Tài	Lín	Xǐ	Huī

bright

冀	Jì	hope; long for; look forward to					
	Ex:	～慈	～聪	～德	～善	～庆	～哲	～茂
		Cí	Cōng	Dé	Shàn	Qìng	Zhé	Mào

加	Jiā	add, increase; put in					
	Ex:	～恩	～德	～乐	～力	～达	～勇	～瑛
		Ēn	Dé	Lè	Lì	Dá	Yǒng	Yīng
		～桂	～惠	～威	～昌	～铭	～文	～立
		Guì	Huì	Wēi	Chāng	Míng	Wén	Lì

佳	Jiā	good; fine; beautiful					
	Ex:	人～	思～	希～	～凤	～骝	～玉	～骅
		Rén	Sī	Xī	Fèng	Liú	Yù	Huá

家	Jiā	family; household					
	Ex:	～骏	～宪	～勋	～训	～俊	～驹	～鸿
		Jùn	Xiàn	Xūn	Xùn	Jùn	Jū	Hóng

嘉	Jiā	1. good; fine 2. praise; commend					
	Ex:	～慧	～声	～盛	～成	～玉	瑞～	崇～
		Huì	Shēng	Shèng	Chéng	Yù	Ruì	Chóng

甲	Jiǎ	first					
	Ex:	～果	～中	～东	～申	魁～	常～	永～
		Guǒ	Zhōng	Dōng	Shēn	Kuí	Cháng	Yǒng

稼	Jià	1. sow grain 2. cereals; crops					
	Ex:	学～	澍～	和～	宜～	立～	仁～	悦～
		Xué	Shù	Hé	Yí	Lì	Rén	Yuè

坚 M Jiān — hard; solid; firm; strong

Ex:

志~	毅~	守~	节~	~翼	~隆	~立
Zhì	Yì	Shǒu	Jié	Yì	Lóng	Lì

建 Jiàn — build; construct; establish; propose

Ex:

~君	~稷	~丕	~粲	~发	永~	子~
Jūn	Jì	Pī	Càn	Fā	Yǒng	Zǐ

剑 Jiàn — sword

Ex:

~雄	~辉	~云	~飞	明~	任~	惕~
Xióng	Huī	Yún	Fēi	Míng	Rèn	Tì

健 Jiàn — healthy; strong; strengthen

Ex:

~雄	~图	~能	~麟	定~	增~	子~
Xióng	Tú	Néng	Lín	Dìng	Zēng	Zǐ

娇 F Jiāo — tender; lovely; charming

Ex:

玉~	凤~	明~	梅~	月~	~娜	~婉
Yù	Fèng	Míng	Méi	Yuè	Nà	Wǎn

教 Jiào — teach; instruct

Ex:

文~	念~	怀~	演~	从~	仰~	慕~
Wén	Niàn	Huái	Yǎn	Cóng	Yǎng	Mù

杰 Jié — outstanding; remarkable; prominent

Ex:

伦~	兆~	怡~	淘~	~汉	~民	~龙
Lún	Zhào	Yí	Xún	Hàn	Mín	Lóng

~豪	~绍	~瓔	~业	~廉	~铨	~然
Háo	Shào	Yīng	Yè	Lián	Quán	Rán

捷 M Jié — 1. victory; triumph; 2. prompt; quick

Ex:

~成	~易	~庆	士~	志~	悦~	念~
Chéng	Yì	Qìng	Shì	Zhì	Yuè	Niàn

竭 Jié   1. with all one's heart 2. do one's utmost

Ex:
~赴	~幸	~成	~举	~升	~蕃	~箕
Fù	Xìng	Chéng	Jǔ	Shēng	Fān	Jī

介 M Jiè   upright; honest and frank

Ex:
~夫	~绩	~正	~哲	~志	~栋	~道
Fū	Jī	Zhèng	Zhé	Zhì	Dòng	Dào

金 Jīn   gold; money; metals

Ex:
~秋	~霞	~望	~裕	~裘	绍~	光~
Qiū	Xiá	Wàng	Yù	Qiú	Shào	Guāng

autumn sky glow · reputation · aban-dant · fur coat · splendid · light (handwritten annotations)

津 Jīn   1. ferry crossing; ford 2. moist; damp

Ex:
~维	~道	~涛	~善	~献	~慕	~生
Wéi	Dào	Tāo	Shàn	Xiàn	Mù	Shēng

锦 Jǐn   1. bright and beautiful 2. brocade

Ex:
~成	~秀	~泉	~惠	~璧	~常	~霞
Chéng	Xiù	Quán	Huì	Bì	Cháng	Xiá

~辉	~雄	佩~	隆~	赛~	丽~	润~
Huī	Xióng	Pèi	Lóng	Sài	Lì	Rùn

进 M Jìn   advance; move forward; progress; bring in

Ex:
~昂	~绥	~宪	~兴	~宏	~慕	~才
Áng	Suí	Xiàn	Xīng	Hóng	Mù	Cái

劲 M Jìn   strength; energy; spirit; vigour

Ex:
~飞	~效	~松	~鹏	~锋	~波	~发
Fēi	Xiào	Sōng	Péng	Fēng	Bō	Fā

京 Jīng   the capital of a country

Ex:
~生	~贵	~笙	~瑞	韶~	谨~	庆~
Shēng	Guì	Shēng	Ruì	Sháo	Jǐn	Qìng

旌 M **Jīng** — harness and flags

Ex:

开~	冠~	强~	献~	~广	~启	~凯
Kāi	Guān	Qiáng	Xiàn	Guǎng	Qǐ	Kǎi

菁 F **Jīng** — lush; luxuriant; essence; cream

Ex:

美~	维~	愉~	季~	柳~	眉~	~增
Měi	Wéi	Yú	Jì	Liǔ	Méi	Zēng

晶 **Jīng** — 1. brilliant; shining 2. crystal

Ex:

爱~	钟~	超~	若~	仁~	~纯	~洁
Ài	Zhōng	Chāo	Ruò	Rén	Chún	Jié

精 **Jīng** — 1. refined; choice; perfect; smart; sharp 2. energy

Ex:

~卫	~楚	~诚	~纯	~谦	~玉	~梓
Wèi	Chǔ	Chéng	Chún	Qiān	Yù	Zǐ

景 **Jǐng** — 1. view; scenery; scene 2. situation; condition 3. admire; respect

Ex:

~文	~蓁	~东	~葆	~芬	~芝	~达
Wén	Zhēn	Dōng	Bǎo	Fēng	Zhī	Dá

净 **Jìng** — 1. clean 2. completely

Ex:

~砚	~虹	~慧	~悟	~觉	皆~	雅~
Yàn	Hóng	Huì	Wù	Jué	Jiē	Yǎ

竞 **Jìng** — compete; contest

Ex:

~雄	~达	~建	~凡	~和	~武	~弘
Xióng	Dá	Jiàn	Fán	Hé	Wǔ	Hóng

竟 **Jìng** — finish; complete

Ex:

~成	~升	~果	~学	~榜	~文	~航
Chéng	Shēng	Guǒ	Xué	Bǎng	Wén	Háng

敬	**Jìng**	respect; offer politely					
	Ex:	~玉	~怀	~恭	~熙	康~	保~ 贤~
		Yù	Huái	Gōng	Xī	Kāng	Bǎo Xián

靖	**Jìng**	peace; tranquillity					
	Ex:	~纯	~绵	~蔓	~祺	~忠	~绥 ~观
		Chún	Mián	Màn	Qí	Zhōng	Suí Guān

静	**Jìng**	still; quiet; calm					
	Ex:	克~	笃~	~玑	~愚	~洁	~娴 ~仪
		Kè	Dǔ	Jī	Yú	Jié	Xián Yí
		温~	素~	文~	宏~	仁~	则~ 容~
		Wēn	Sù	Wén	Hóng	Rén	Zé Róng

still water

refined Elegant etc.

炯	**Jiǒng**	bright; shining					
	Ex:	~明	~泰	~图	~茂	~余	~贵 ~观
		Míng	Tài	Tú	Mào	Yú	Guì Guān

久	**Jiǔ**	for a long time					
	Ex:	~玉	~名	~邦	~辉	~华	长~ 广~
		Yù	Míng	Bāng	Huī	Huá	Cháng Guǎng

菊 ₍F₎	**Jú**	chrysanthemum					
	Ex:	秋~	美~	瘦~	寒~	~霞	~香 ~芳
		Qiū	Měi	Shòu	Hán	Xiá	Xiāng Fāng

举 ₍M₎	**Jǔ**	lift; raise; hold up; start					
	Ex:	文~	山~	常~	恒~	慕~	~波 ~亨
		Wén	Shān	Cháng	Héng	Mù	Bō Hēng

巨 ₍M₎	**Jù**	huge; gigantic					
	Ex:	~高	~达	~源	~秀	~先	~君 ~伯
		Gāo	Dá	Yuán	Xiù	Xiān	Jūn Bó

聚 Jù   assemble; get together

Ex: ～波 ～哲 ～殷 ～昌 ～云 ～华 ～庄
        Bō   Zhé   Yīn   Chāng   Yún   Huá   Zhuāng

娟 F Juān   beautiful; graceful

Ex: 美～ 秀～ 素～ 巧～ ～心 ～仪 ～好
        Měi   Xiù   Sù   Qiǎo   Xīn   Yí   Hǎo

隽 Juàn   meaningful

Ex: ～远 ～海 ～棠 ～蓁 ～飞 ～辉 ～元
        Yuǎn   Hǎi   Táng   Zhēn   Fēi   Huī   Yuán

珏 F Jué   two pieces of jade put together

Ex: 家～ 玉～ 佩～ 怀～ 琏～ ～玲 ～琳
        Jiā   Yù   Pèi   Huái   Lián   Líng   Lín

军 M Jūn   armed forces; army; troops

Ex: 右～ 浩～ 蔼～ 逢～ 烨～ 协～ 豪～
        Yòu   Hào   Ǎi   Féng   Yè   Xié   Háo

君 Jūn   1. monarch; supreme ruler 2. gentleman; a man of noble character

Ex: 璧～ 建～ 锦～ 文～ 向～ ～佑 ～祐
        Bì   Jiàn   Jǐn   Wén   Xiàng   Yòu   Yòu

俊 M Jùn   1. handsome; pretty 2. a person of outstanding talent; hero

Ex: 人～ 川～ 文～ 守～ ～心 ～夫 ～卿
        Rén   Chuān   Wén   Shǒu   Xīn   Fū   Qīng

骏 M Jùn   fine horse; steed

Ex: 家～ 捷～ 美～ 良～ 福～ 冠～ 驰～
        Jiā   Jié   Měi   Liáng   Fú   Guān   Chí

K

开	**Kāi**	open; start; operate

Ex: ~瑞 ~洋 ~逸 ~荣 ~玫 宇~ 启~
    Ruì Yáng Yì Róng Méi Yǔ Qǐ

凯 M	**Kǎi**	1. triumphant strains 2. victorious

Ex: 奏~ 燕~ 传~ 壮~ 笃~ ~还 ~歌
    Zòu Yàn Chuán Zhuàng Dǔ Huán Gē

楷 M	**Kǎi**	model; pattern

Ex: 文~ 仕~ 梧~ 吉~ 振~ ~砚 ~堦
    Wén Shì Wú Jí Zhèn Yàn Jiē

康 M	**Kāng**	well-being; health

Ex: 继~ 亨~ 永~ 贵~ 庆~ ~泰 ~庄
    Jì Hēng Yǒng Guì Qìng Tài Zhuāng

慷	**Kāng**	1. vehement; fervent 2. generous; liberal

Ex: 继~ 亚~ 宏~ 和~ 同~ 亦~ 欣~
    Jì Yà Hóng Hé Tóng Yì Xīn

珂	**Kē**	a jade-like stone

Ex: 玉~ 晏~ 献~ 期~ 恕~ ~楚 ~轩
    Yù Yàn Xiàn Qī Shù Chǔ Xuān

科	**Kē**	a branch of academic study

Ex: 甄~ 青~ 唐~ 律~ ~秦 ~实 ~东
    Zhēn Qīng Táng Lǜ Qín Shí Dōng

可 Kě	1. approve 2. can; may

Ex:

~润	~婵	~纲	与~	适~	全~	力~
Rùn	Chán	Gāng	Yǔ	Shì	Quán	Lì

克 Kè	1. can; be able to; 2. overcome; restrain

Ex:

~定	~静	~明	~鼎	~能	~图	~非
Dìng	Jìng	Míng	Dǐng	Néng	Tú	Fēi

肯 Kěn	1. agree; consent 2. affirm; approve

Ex:

~哲	~正	~展	~甯	良~	琅~	日~
Zhé	Zhèng	Zhǎn	Níng	Liáng	Láng	Rì

✗/

恳 Kěn	earnestly; sincerely

Ex:

~敬	~志	~德	~民	~典	念~	怀~
Jìng	Zhì	Dé	Mín	Diǎn	Niàn	Huái

空 Kōng	1. nothing; in vain; 2. sky; air

Ex:

皆~	净~	明~	谷~	壑~	~林	~山
Jiē	Jìng	Míng	Gǔ	Hè	Lín	Shān

/

宽 ᴍ Kuān	1. wide; broad; 2. relax; relieve; free from worry; happy 3. generous; lenient 4. comfortably off; well-off

Ex:

德~	守~	安~	尚~	~吾	~民	~仁
Dé	Shǒu	Ān	Shàng	Wú	Mín	Rén

/

葵 Kuí	sunflower

Ex:

~花	~中	~日	~汉	若~	向~	永~
Huā	Zhōng	Rì	Hàn	Ruò	Xiàng	Yǒng

魁 ᴍ Kuí	1. chief; head 2. of stalwart build; big and tall

Ex:

~龄	~年	~庚	~梧	宗~	继~	伟~
Líng	Nián	Gēng	Wú	Zōng	Jì	Wěi

坤 **Kūn** female

Ex:
汉~	乐~	耀~	悦~	端~	玉~	妙~
Hàn	Lè	Yào	Yuè	Duān	Yù	Miào

昆 M **Kūn** elder brother

Ex:
日~	谦~	宜~	泽~	深~	宝~	彦~
Rì	Qiān	Yí	Zé	Shēn	Bǎo	Yàn

People are inclined to create impressions of a person's appearance, stature and even social standing from the visual form of his Chinese name.

L

来 **Lái** 1. come; arrive 2. future; next

Ex: 恩~　泰~　　~喜　~福　~安　~荣　~圣
Ēn　　Tài　　Xǐ　　Fú　　Ān　　Róng　Shèng

兰 F **Lán** orchid

Ex: 香~　若~　幽~　湘~　　~姿　~馥　~谷
Xiāng　Ruò　Yōu　Xiāng　　Zī　　Fù　　Gǔ

岚 M **Lán** haze; vapour; mist

Ex: 高~　元~　远~　巨~　壮~　　~云　~风
Gāo　　Yuán　Yuǎn　Jù　　Zhuàng　Yún　　Fēng

蓝 **Lán** blue

Ex: ~天　~峦　~川　~苍　永~　嵩~　蔚~
Tiān　Luán　Chuān　Cāng　Yǒng　Sōng　Wèi

览 **Lǎn** look at; see; view

Ex: 高~　观~　远~　瞻~　眺~　　~望　~怀
Gāo　　Guān　Yuǎn　Zhān　Tiào　　Wàng　Huái

朗 **Lǎng** light; bright

Ex: 开~　晴~　豁~　怀~　　~莞　~明　~云
Kāi　　Qíng　Huò　Huái　　Wǎn　　Míng　Yún

劳 M **Láo** 1. work; labour 2. meritorious deed; service
3. express one's appreciation; reward.

Ex: 弘~　荣~　安~　丰~　志~　建~　启~
Hóng　Róng　Ān　　Fēng　Zhì　　Jiàn　Qǐ

66

乐 **Lè** happy; cheerful; joyful

Ex: ～思 ～仁 ～游 ～骋 百～ 永～ 咏～
Sī Rén Yóu Chěng Bǎi Yǒng Yǒng

雷 ₘ **Léi** thunder

Ex: 春～ 灵～ 威～ 耀～ 东～ 初～ 通～
Chūn Líng Wēi Yào Dōng Chū Tōng

磊 ₘ **Lěi** open and upright

Ex: ～明 ～清 方～ 忠～ 洪～ 永～ 长～
Míng Qīng Fāng Zhōng Hóng Yǒng Cháng

蕾 ꜰ **Lěi** flower bud

Ex: 初～ 绛～ 宁～ 茂～ 安～ 曼～ 冀～
Chū Jiàng Níng Mào Ān Màn Jì

梨 ꜰ **Lí** pear

Ex: ～雨 ～川 ～华 ～英 ～盛 ～园 ～蔚
Yǔ Chuāng Huá Yīng Shèng Yuán Wèi

黎 **Lí** 1. the common people; the multitude 2. dawn; daybreak

Ex: ～晖 ～雪 ～明 ～常 ～英 ～华 ～云
Huī Xuě Míng Cháng Yīng Huá Yún

礼 **Lǐ** courtesy; manners

Ex: 文～ 世～ 玄～ 才～ 度～ 嗣～ 绪～
Wén Shì Xuán Cái Dù Sì Xù

理 **Lǐ** reason; logic; truth

Ex: 文～ 智～ ～谌 ～显 ～裴 ～信 ～衡
Wén Zhì Chén Xiǎn Péi Xìn Héng

力 M Lì   power; strength; ability

Ex: ~工 ~行 ~坚 ~升 ~兴 ~恭 ~伟
     Gōng Xíng Jiān Shēng Xīng Gōng Wěi

立 Lì   1. stand; erect; establish 2. upright

Ex: ~果 ~关 ~荣 ~才 ~武 ~人 ~华
     Guǒ Guān Róng Cái Wǔ Rén Huá

丽 F Lì   beautiful

Ex: ~霞 ~珍 ~英 ~玲 美~ 嫣~ 玉~
     Xiá Zhēn Yīng Líng Měi Yān Yù

     ~人 ~春 ~阳 ~然 嘉~ 芝~ 多~
     Rén Chūn Yáng Rán Jiā Zhī Duō

励 Lì   encourage

Ex: ~文 ~柯 ~真 ~善 ~和 ~昭 ~方
     Wén Kē Zhēn Shàn Hé Zhāo Fāng

利 Lì   1. sharp 2. favourable; 3. benefit

Ex: 永~ 泰~ 孔~ 达~ ~纯 ~山 ~硕
     Yǒng Tài Kǒng Dá Chún Shān Shuò

俐 F Lì   clever; bright

Ex: ~玲 ~方 ~芸 ~焯 温~ 峤~ 虞~
     Líng Fāng Yún Zhuō Wēn Qiáo Yú

莉 F Lì   jasmine

Ex: 碧~ 雪~ 馨~ 茜~ ~莲 ~薇 ~莎
     Bì Xuě Xīn Xī Lián Wēi Shā

连 Lián   link; join; connect

Ex: 理~ 茂~ ~满 ~同 ~滔 ~涛 ~堂
     Lǐ Mào Mǎn Tóng Tāo Tāo Táng

莲 F **Lián**	lotus						
Ex:	丽~	郁~	禧~	巧~	宝~	~钰	~苔
	Lì	Yù	Xǐ	Qiǎo	Bǎo	Yù	Tái

联 M **Lián**	ally oneself with						
Ex:	~勇	~栾	~圃	~璞	~骐	~强	~协
	Yǒng	Luán	Pǔ	Pú	Qí	Qiáng	Xié

(handwritten: brave, valiant — uncut jade — strong — combined, cooperative)

廉 **Lián**	honest and clean						
Ex:	~恕	~舒	~穗	~荪	~粟	~菘	~青
	Shù	Shū	Suì	Sūn	Sù	Sōng	Qīng

恋 **Liàn**	love; feel attached to						
Ex:	~山	~洋	~水	~原	~旭	~知	~林
	Shān	Yáng	Shuǐ	Yuán	Xù	Zhī	Lín

良 M **Liáng**	1. good; fine 2. able person						
Ex:	~驹	~成	~安	~澍	士~	慈~	民~
	Jū	Chéng	Ān	Shù	Shì	Cí	Mín

梁 **Liáng**	1. roof beam 2. bridge 3. ridge						
Ex:	~成	~举	~固	~安	鸿~	孟~	肇~
	Chéng	Jǔ	Gù	Ān	Hóng	Mèng	Zhào
	~昆	~民	~如	~芳	成~	大~	中~
	Kūn	Mín	Rú	Fāng	Chéng	Dà	Zhōng

亮 **Liàng**	1. bright; light 2. shine 3. enlightened						
Ex:	~德	~章	~舒	宏~	国~	明~	以~
	Dé	Zhāng	Shū	Hóng	Guó	Míng	Yǐ

量 M **Liàng**	capacity; quantity; amount						
Ex:	海~	无~	德~	恩~	煦~	~宣	~洪
	Hǎi	Wú	Dé	Ēn	Xù	Xuān	Hóng

辽	Liáo	faraway; vast					
	Ex:	~远	~浔	~汛	~萱	~雪	~虚	~淞
		Yuǎn	Xún	Xùn	Xuān	Xuě	Xū	Sōng

燎	Liáo	burn					
	Ex:	~原	~亮	~金	~炫	~霆	~阳	~通
		Yuán	Liàng	Jīn	Xuàn	Tíng	Yáng	Tōng

列 M	Liè	arrange; line up; list					
	Ex:	坦~	山~	统~	巍~	威~	~扬	~石
		Tǎng	Shān	Tǒng	Wēi	Wēi	Yáng	Shí

烈 M	Liè	1. strong; violent 2. raging fire					
	Ex:	传~	芳~	荣~	兴~	幸~	智~	英~
		Chuán	Fāng	Róng	Xīng	Xìng	Zhì	Yīng

林	Lín	forest; woods					
	Ex:	~生	~蔚	~玮	~缘	渊~	岳~	祥~
		Shēng	Wèi	Wěi	Yuán	Yuān	Yuè	Xiáng

琳	Lín	beautiful jade					
	Ex:	玉~	宝~	茜~	楠~	泰~	筱~	芸~
		Yù	Bǎo	Xī	Nán	Tài	Xiǎo	Yún

霖 M	Lín	continuous heavy rain; good soaking rain; timely rain					
	Ex:	沛~	颜~	巍~	陶~	奕~	朝~	昭~
		Pèi	Yán	Wēi	Táo	Yì	Zhāo	Zhào

灵	Líng	quick; clever; intelligent; effective; skilful					
	Ex:	敏~	钟~	泽~	焰~	照~	肇~	长~
		Mǐn	Zhōng	Zé	Yàn	Zhào	Zhào	Cháng

苓 F **líng**	Poris cocoo						
Ex:	芷~	裕~	禅~	艳~	绥~	莎~	晓~
	Zhǐ	Yù	Shán	Yàn	Suí	Shā	Xiǎo

玲 F **líng**	petite and dainty						
Ex:	丽~	慕~	凯~	秀~	静~	翠~	悦~
	Lì	Mù	Kǎi	Xiù	Jìng	Cuì	Yuè

凌 **líng**	1. before dawn 2. rise high; reach the clouds						
Ex:	~云	~波	~寰	~辰	~璋	~高	~峰
	Yún	Bō	Huán	Chén	Zhāng	Gāo	Fēng
	~同	燕~	翔~	泽~	鹏~	壮~	乐~
	Tóng	Yàn	Xiáng	Zé	Péng	Zhuàng	Lè

铃 **líng**	small bell						
Ex:	幸~	喜~	曼~	锦~	银~	鹰~	祥~
	Xìng	Xǐ	Màn	Jǐn	Yín	Yīng	Xiáng

菱 F **líng**	water chestnut						
Ex:	红~	雁~	仙~	细~	香~	娴~	杏~
	Hóng	Yàn	Xiān	Xì	Xiāng	Xián	Xìng

龄 F **líng**	length of time						
Ex:	美~	晏~	殷~	寅~	应~	永~	庆~
	Měi	Yàn	Yīn	Yǎn	Yìng	Yǒng	Qìng

令 **lìng**	laws and decrees; good name-reputation						
Ex:	~和	~绪	~元	~愉	~瑜	~长	~常
	Hé	Xù	Yuán	Yú	Yú	Cháng	Cháng

留 **liú**	remain; keep; reserve; save						
Ex:	~蔓	~舒	~憩	~煦	~省	~谐	~欣
	Màn	Shū	Qì	Xù	Xǐng	Xié	Xīn

琉 **Liú** coloured glaze

Ex: ～茗 ～敏 ～琅 ～茵 ～谥 ～滢 ～沁
Míng Mǐn Láng Yīn Yì Yíng Qìn

柳 **Liǔ** willow

Ex: ～波 ～懋 ～眉 ～莺 ～荫 ～绿 ～声
Bō Mào Méi Yīng Yīn Lǜ Shēng

隆 (M) **lóng** grand; prosperous; thriving; intense; deep

Ex: 万～ 民～ 绵～ 南～ 蓬～ 齐～ ～寿
Wàn Mín Mián Nán Péng Qí Shòu

龙 M **lóng** dragon

Ex: ～山 俊～ 天～ 伟～ 文～ 望～ 飞～
Shān Jùn Tiān Wěi Wén Wàng Fēi

陆 **Lù** land

Ex: ～亭 ～鸣 ～施 ～胜 ～世 农～ 奇～
Tíng Míng Shī Shèng Shì Nóng Qí

璐 F **Lù** jade

Ex: 美～ 梅～ 品～ 秦～ 唐～ ～洲 ～瑞
Měi Méi Pǐn Qín Táng Zhōu Ruì

露 **Lù** dew ; reveal

Ex: ～茜 ～亭 ～苗 沛～ 扬～ 锐～ 玫～
Xī Tíng Miáo Pèi Yáng Ruì Měi

律 **Lǜ** 1. law; statute; rule 2. restrain; keep under control

Ex: ～齐 ～培 ～辛 ～蓉 ～蓁 ～肇 ～诚
Qí Péi Xīn Róng Zhēn Zhào Chéng

绿	**Lǜ**	green					
	Ex:	～筠	～洲	～漪	～茵	～峰	～莹	～泽
		Yún	Zhōu	Yī	Yīn	Fēng	Yín	Zé

峦	**Luán**	1. low but steep and pointed hill 2. mountain in a range					
	Ex:	金～	长～	青～	明～	秀～	光～	贵～
		Jīn	Cháng	Qīng	Míng	Xiù	Guāng	Guì

銮	**Luán**	a small tinkling bell					
	Ex:	秀～	金～	庄～	穆～	明～	～元	～裕
		Xiù	Jīn	Zhuāng	Mù	Míng	Yuán	Yù

伦	**Lūn**	1. human relations 2. logic; order					
	Ex:	美～	孟～	慕～	嵩～	～远	～炎	～琪
		Měi	Mèng	Mù	Sōng	Yuǎn	Yàn	Qí

仑 M	**Lún**	logical sequence					
	Ex:	～其	～强	～芹	～庆	～松	乔～	夏～
		Qí	Qiáng	Qín	Qìng	Sōng	Qiáo	Xià

洛	**Luò**	the name of a river					
	Ex:	～易	～蟠	～乾	～澍	～源	述～	佩～
		Yì	Pán	Qián	Shù	Yuán	Shù	Pèi
		永～	芳～	昌～	顺～	瑞～	长～	蔚～
		Yǒng	Fāng	Chāng	Shùn	Ruì	Cháng	Wèi

M

玛	**Mǎ**	agate					
	Ex:	~戈	~宁	~抒	~芸	~祯	~桢	~珍
		Gē	Níng	Shū	Yún	Zhēng	Zhēng	Zhēn

迈 M	**Mài**	step forward; advance with big strides					
	Ex:	~康	~幸	~隆	~瑞	~豪	捷~	君~
		Kāng	Xìng	Lóng	Ruì	Háo	Jié	Jūn

麦	**Mài**	wheat					
	Ex:	~青	~余	~波	~丰	~洋	~盛	金~
		Qīng	Yú	Bō	Fēng	Yáng	Shèng	Jīn

满	**Mǎn**	full; filled					
	Ex:	瑞~	志~	慧~	泉~	~熙	~望	~海
		Ruì	Zhì	Huì	Quán	Xī	Wàng	Hǎi

曼	**Màn**	graceful					
	Ex:	~君	~英	~青	~彬	~萍	秋~	西~
		Jūn	Yīng	Qīng	Bīn	Píng	Qiū	Xī

蔓 F	**Màn**	trailing plant					
	Ex:	~莉	~玲	~媛	~至	~枝	~娜	柳~
		Lì	Líng	Yuán	Zhì	Zhī	Nà	Liǔ

芒	**Máng**	rays of light; brilliant rays					
	Ex:	~辉	~禾	~昌	~旺	~芸	~春	~立
		Huī	Hé	Chāng	Wàng	Yún	Chūn	Lì

茂 M **Mào**	luxuriant; flourishing					
Ex:	～煦	～盛	～霖	～植	～发	～泰 俊～
	Xù	Shèng	Lín	Zhí	Fā	Tài Jùn

懋 **Mào**	diligent; luxuriant					
Ex:	～辛	～清	～萱	～征	～泽	～哲 君～
	Xīn	Qīng	Xuān	Zhēng	Zé	Zhé Jùn

玫 F **Méi**	rose					
Ex:	～枝	～蕊	～蕙	～姿	端～	白～ 巧～
	Zhī	Ruǐ	Huì	Zī	Duān	Bái Qiǎo

眉 F **Méi**	features; looks					
Ex:	爱～	朗～	笑～	慧～	秀～	展～ 开～
	Ài	Lǎng	Xiào	Huì	Xiù	Zhǎn Kāi
	裕～	粲～	～娟	～雯	容～	逸～ 文～
	Yù	Càn	Juān	Wén	Róng	Yì Wén

梅 F **Méi**	plum blossom					
Ex:	雪～	笑～	冬～	寒～	香～	～窗 ～枝
	Xuě	Xiào	Dōng	Hán	Xiāng	Chuāng Zhī

美 F **Měi**	beautiful; pretty; good; very satisfactory					
Ex:	～婷	～蓉	～兰	～瑛	～菡	～燕 ～鸾
	Tíng	Róng	Lán	Yīng	Hán	Yàn Luán

媚 F **Mèi**	charming; fascinating; enchanting					
Ex:	顾～	曼～	绮～	碧～	英～	倩～ ～芳
	Gù	Màn	Qǐ	Bì	Yīng	Qiàn Fāng

蒙 **Méng**	receive; meet with					
Ex:	～光	～智	～照	～辉	～立	～霖 ～盛
	Guāng	Zhì	Zhào	Huī	Lì	Lín Shèng

孟	**Mèng**	eldest brother						
	Ex:	～轲	～庄	～安	～元	～武	承～	延～
		Kē	Zhuāng	Ān	Yuán	Wǔ	Chéng	Yán

梦	**Mèng**	dream						
	Ex:	～怀	～蝶	～宗	～先	～骞	～渊	～佳
		Huái	Dié	Zōng	Xiān	Qiān	Yuān	Jiā

弥	**Mí**	full; overflowing						
	Ex:	～满	～容	～达	～悟	～胜	～孺	绰～
		Mǎn	Róng	Dá	Wù	Shèng	Rǔ	Chuò

蜜 F	**Mì**	honey; sweet						
	Ex:	～美	～醇	～恬	～泉	～源	纯～	柔～
		Měi	Chún	Tián	Quán	Yuán	Chún	Róu

绵	**Mián**	continuous; unbroken						
	Ex:	宗～	远～	达～	～弘	～祐	～衍	～亮
		Zōng	Yuǎn	Dá	Hóng	Yòu	Yǎn	Liàng

勉	**Miǎn**	exert; strive; encourage; urge						
	Ex:	～之	～文	～翊	敦～	嘉～	佳～	尚～
		Zhī	Wén	Yì	Dūn	Jiā	Jiā	Shàng

苗	**Miáo**	young plant; seedling						
	Ex:	～青	～瑞	～钧	～琳	～光	绍～	慧
		Qīng	Ruì	Jūn	Lín	Guāng	Shào	Huì
		美～	玉～	畹～	秀～	绿～	祥～	华～
		Měi	Yù	Wǎn	Xiù	Lǜ	Xiàng	Huí

淼	**Miǎo**	(of an expanse of water) vast						
	Ex:	景～	季～	洪～	智～	伟～	厚～	怀～
		Jǐng	Jì	Hóng	Zhì	Wěi	Hòu	Huái

妙 F **Miào**	wonderful; excellent; fine						
Ex:	~丽	~思	~玄	~元	~玉	文~	化~
	Lì	Sī	Xuán	Yuán	Yù	Wén	Huà

民 M **Mín**	the people						
Ex:	立~	允~	汉~	继~	耿~	伟~	建~
	Lì	Yǔn	Hàn	Jì	Gěng	Wěi	Jiàn

敏 **Mǐn**	quick; agile; sharp; acute; keen						
Ex:	诚~	美~	尚~	葆~	爱~	思~	~聪
	Chéng	Měi	Shàng	Bǎo	Ài	Sī	Cōng

名 **Míng**	fame; famous						
Ex:	溥~	富~	美~	启~	育~	~鸿	~圣
	Pǔ	Fù	Měi	Qǐ	Yù	Hóng	Shèng

明 **Míng**	bright; brilliant; light						
Ex:	~盛	~海	~君	~天	~德	~辉	~俐
	Shèng	Hǎi	Jūn	Tiān	Dé	Huī	Lì
	秋~	雪~	世~	思~	可~	中~	光~
	Qiū	Xuě	Shì	Sī	Kě	Zhōng	Guāng

鸣 **Míng**	1. ring; sound 2. airing of views						
Ex:	~凤	~鸿	~鸾	~秋	美~	和~	一~
	Fèng	Hóng	Luán	Qiū	Měi	Hé	Yī

铭 **Míng**	engrave						
Ex:	天~	务~	恕~	宽~	敦~	~心	~意
	Tiān	Wù	Shù	Kuān	Dūn	Xīn	Yì

模 **Mó**	pattern; standard; model						
Ex:	效~	思~	宗~	式~	裴~	纪~	楷~
	Xiào	Sī	Zōng	Shì	Péi	Jì	Kǎi

茉	Mò	jasmine						
	Ex:	～香	～白	～莉	～英	～馨	～馥	～蕊
		Xiāng	Bái	Lì	Yīng	Xīn	Fù	Ruǐ

木	Mù	tree; wood						
	Ex:	化～	梓～	聪～	栋～	梁～	大～	～榆
		Huà	Zǐ	Cōng	Dòng	Liáng	Dà	Yú

沐	Mù	bathe; immerse						
	Ex:	～恩	～慈	～晖	～惠	～仁	～易	～茵
		Ēn	Cí	Huī	Huì	Rén	Yì	Yīn

牧	Mù	herd; tend						
	Ex:	～心	～之	～野	～溪	～辉	良～	善～
		Xīn	Zhī	Yě	Xī	Huī	Liáng	Shàn

睦	Mù	peaceful; harmonious						
	Ex:	～和	～居	～学	～秋	～情	谐～	素～
		Hé	Jū	Xué	Qiū	Qíng	Xié	Sù

慕	Mù	admire; yearn for; love; adore; look up with admiration						
	Ex:	～勤	～学	～玲	～远	～真	～潜	～瞻
		Qín	Xué	Líng	Yuǎn	Zhēn	Qián	Zhān

穆	Mù	solemn; reverent						
	Ex:	正～	逸～	齐～	雍～	文～	庄～	景～
		Zhèng	Yì	Qí	Yōng	Wén	Zhuāng	Jǐng
		清～	光～	恒～	秋～	可～	欣～	裕～
		Qīng	Guāng	Héng	Qiū	Kě	Xīn	Yù

纳	**Nà**	1. receive; admit 2. accept 3. enjoy						
	Ex:	~福	~诚	~智	~黍	~言	~度	~恒
		Fú	Chéng	Zhì	Shǔ	Yán	Dù	Héng

乃	**Nǎi**	be; so; therefore; only then						
	Ex:	~粲	~晖	~斌	~彬	~穆	~祚	~疆
		Càn	Huī	Bīn	Bīn	Mù	Zuò	Jiāng

耐	**Nài**	be able to bear or endure						
	Ex:	~筠	~君	~梅	~冬	~时	~远	~琢
		Jūn	Jūn	Méi	Dōng	Shí	Yuǎn	Zhuó

男	**Nán**	man; male						
	Ex:	竞~	一~	比~	胜~	瑞~	福~	鹏~
		Jìng	Yī	Bǐ	Shèng	Ruì	Fú	Péng

南	**Nán**	south						
	Ex:	伟~	伯~	赋~	逢~	~日	~光	~居
		Wěi	Bó	Fù	Féng	Rì	Guāng	Jū

place oldest bro,   light, glory

能	**Néng**	ability; capability						
	Ex:	炽~	厚~	福~	贤~	幸~	~智	~才
		Chì	Hòu	Fú	Xián	Xìng	Zhì	Cái

妮 F	**Nī**	girl						
	Ex:	燕~	恬~	美~	黛~	良~	艾~	~娜
		Yàn	Tián	Měi	Dài	Liáng	Ài	Nà

年 **Nián** year; age; a period in one's life

Ex: 长～　福～　富～　瑞～　稔～　桂～　博～
　　　Cháng　Fú　Fù　Ruì　Rěn　Guì　Bó

宁 **Níng** peaceful; tranquil

Ex: 叔～　鸿～　怡～　曜～　苑～　泳～　～远
　　　Shū　Hóng　Yí　Yào　Yuàn　Yǒng　Yuǎn

农 **Nóng** agriculture; farming

Ex: 半～　稼～　雅～　砚～　庵～　禹～　立～
　　　Bàn　Jià　Yǎ　Yàn　Ān　Yǔ　Lì

暖 F **Nuǎn** warm; genial

Ex: 春～　培～　居～　熙～　丰～　～明　～玉
　　　Chūn　Péi　Jū　Xī　Fēng　Míng　Yù

　　　～言　～宜　～晴　～黛　～田　～芳　～煦
　　　Yán　Yí　Qíng　Dài　Tián　Fāng　Xǔ

P

葩 F	**Pā**	flower

Ex:

星～	花～	～绮	～娇	～艳	～惠	～芬
Xīng	Huā	Qǐ	Jiāo	Yàn	Huì	Fēn

琶 F	**Pá**	arpeggio

Ex:

～诺	～音	珍～	爱～	怡～	念～	惜～
Nuò	Yīn	Zhēn	Ài	Yí	Niàn	Xī

磐 M	**Pán**	huge rock

Ex:

～基	～立	永～	固～	大～	克～	增～
Jī	Lì	Yǒng	Gù	Dà	Kè	Zēng

蟠 M	**Pán**	flat peach

Ex:

玉～	国～	俊～	祥～	瑞～	彦～	儒～
Yù	Guó	Jùn	Xiáng	Ruì	Yàn	Rǔ

庞 M	**Páng**	huge

Ex:

～华	～基	～业	～展	～固	～略	～图
Huá	Jī	Yè	Zhǎn	Gù	Lüè	Tú

培	**Péi**	1. foster; train; develop 2. cultivate; breed

Ex:

～瑞	～德	～心	～炽	～良	荫～	慧～
Ruì	Dé	Xīn	Chì	Liáng	Yìn	Huì

沛 M	**Pèi**	copious; abundant

Ex:

～生	～昌	～荣	～春	～安	～兴	～弘
Shēng	Chāng	Róng	Chūn	Ān	Xīng	Hóng

佩	Pèi	1. wear 2. admire						
	Ex:	～萱	～芹	～梓	～茹	宣～	钦～	今～
		Xuān	Qín	Zǐ	Rú	Xuān	Qīn	Jīn

霈	Pèi	heavy rain						
	Ex:	春～	方～	芳～	初～	永～	～宇	～寰
		Chūn	Fāng	Fāng	Chū	Yǒng	Yǔ	Huán

澎	Péng	surge						
	Ex:	～海	～淇	～浩	～望	～发	亨～	飞～
		Hǎi	Qí	Hào	Wàng	Fā	Hēng	Fēi

朋	Péng	friend						
	Ex:	～逸	～高	～喜	～泰	～来	泽～	云～
		Yì	Gāo	Xǐ	Tài	Lái	Zé	Yún

蓬	Péng	vigorous; flourishing; full of vitality						
	Ex:	～莲	～君	～春	～雨	～阳	均～	季～
		Lián	Jūn	Chūn	Yǔ	Yáng	Jūn	Jì

鹏 M	Péng	1. a legendary bird of enormous size 2. have a bright future						
	Ex:	～举	～飞	～远	～翔	～逸	畅～	大～
		Jǔ	Fēi	Yuǎn	Xiáng	Yì	Chàng	Dà

琵 F	Pí	a stringed musical instrument						
	Ex:	爱～	美～	～芝	～媛	～玮	～玉	～音
		Ài	Měi	Zhī	Ài	Wěi	Yù	Yīn

翩 F	Piān	lightly; trippingly						
	Ex:	～姿	～裳	～至	～娜	～翼	振～	乐～
		Zī	Cháng	Zhì	Nà	Yì	Zhèn	Lè

品	**Pǐn**	1. moral character 2. quality and style 3. conduct; behaviour						
	Ex:	洁～	德～	良～	～彰	～超	～曜	～逸
		Jié	Dé	Liáng	Zhāng	Chāo	Yào	Yì

平	**Píng**	1. flat; even; smooth 2. be on the same level; equal 3. ordinary; common 4. calm; quiet						
	Ex:	一～	重～	荣～	羽～	～健	～怀	～和
		Yī	Zhòng	Róng	Yǔ	Jiàn	Huái	Hé

苹	**Píng**	apple						
	Ex:	～浩	～照	庆～	雅～	美～	东～	佳～
		Hào	Zhào	Qìng	Yǎ	Měi	Dōng	Jiā

萍	**Píng**	duckweed						
	Ex:	曼～	绿～	星～	丽～	克～	～丹	～川
		Màn	Lǜ	Xīng	Lì	Kè	Dān	Chuān

蒲	**Pú**	cattail						
	Ex:	东～	溪～	柔～	嘉～	冠～	曜～	缮～
		Dōng	Xī	Róu	Jiā	Guān	Yào	Shàn

璞	**Pú**	uncut jade						
	Ex:	奇～	华～	宝～	爱～	梦～	～真	～玉
		Qí	Huá	Bǎo	Ài	Mèng	Zhēn	Yù

普	**Pǔ**	general; universal						
	Ex:	～霖	～照	～昶	～煦	～旭	～炫	～华
		Lín	Zhào	Chǎng	Xù	Xù	Xuàn	Huá
		光～	善～	汉～	文～	久～	华～	和～
		Guāng	Shàn	Hàn	Wén	Jiǔ	Huá	Hé

Q

齐	**Qí**	1. neat; even; tidy; uniform 2. complete; all in readiness					
	Ex:	文~	广~	万~	向~	~圣	~茂	~壮
		Wén	Guǎng	Wàn	Xiàng	Shèng	Mào	Zhuàng

祈	**Qí**	pray; entreat					
	Ex:	~永	~全	~勋	~优	~雍	~翔	~惠
		Yǒng	Quán	Xūn	Yōu	Yōng	Xiáng	Huì

其	**Qí**	that; such; his; her; its; their					
	Ex:	~伟	~沛	~信	~彦	~显	君~	士~
		Wěi	Pèi	Xìn	Yàn	Xiǎn	Jūn	Shì

奇	**Qí**	queer; strange; wonderful; marvellous					
	Ex:	~艾	~芸	~芹	~烈	~能	云~	方~
		Ài	Yún	Qín	Liè	Néng	Yún	Fāng

琦	**Qí**	1. fine jade 2. outstanding; distinguished					
	Ex:	君~	长~	景~	汉~	璋~	司~	之~
		Jūn	Cháng	Jǐng	Hàn	Zhāng	Sī	Zhī

琪	**Qí**	fine jade					
	Ex:	安~	纯~	正~	美~	丹~	~丽	~瑛
		Ān	Chún	Zhèng	Měi	Dān	Lì	Yīng

企	**Qǐ**	1. stand on tiptoe 2. hope for; look forward to					
	Ex:	~智	~兰	~洋	~勇	~正	~凤	~家
		Zhì	Lán	Yáng	Yǒng	Zhèng	Fèng	Jiā

启 _M **Qǐ** 1. open; arouse 2. enlightenment

Ex: ～家 ～阳 ～由 ～远 ～志 ～征 ～锋
Jiā Yáng Yóu Yuǎn Zhì Zhēng Fēng

起 _M **Qǐ** 1. rise; get up; stand up 2. build; set up 3. start; begin

Ex: 承～ 敦～ 策～ 轩～ 尚～ 卓～ 扬～
Chéng Dūn Cè Xuān Shàng Zhuō Yáng

绮 _F **Qǐ** 1. figured woven silk material 2. beautiful; gorgeous

Ex: 文～ 英～ 欣～ 方～ ～钰 ～毓 ～丽
Wén Yīng Xīn Fāng Yù Yù Lì

千 **Qiān** thousand

Ex: ～阅 ～莹 ～其 ～坪 ～满 ～惠 ～蔚
Yuè Yíng Qí Píng Mǎn Huì Wèi

谦 **Qiān** modest and courteous

Ex: ～怀 ～慈 ～瑜 ～亮 ～量 ～文 ～常
Huái Cí Yú Liàng Liàng Wén Cháng

前 **Qián** front; forward; preceding; first

Ex: 光～ 向～ 慕～ 景～ ～燮 ～昭 ～正
Guāng Xiàng Mù Jǐng Xiè Zhāo Zhèng

乾 _M **Qián** male

Ex: 良～ 汉～ 少～ 韦～ 晔～ 孟～ 斌～
Liáng Hàn Shào Wěi Yè Mèng Bīn

倩 _F **Qiàn** pretty; handsome

Ex: 美～ 凤～ ～立 ～容 ～如 ～姿 ～瑜
Měi Fèng Lì Róng Rú Zī Yú

85

强 M Qiáng   strong; powerful

Ex: 大~   少~   永~   克~   有~   贵~   彦~
    Dà   Shào   Yǒng   Kè   Yǒu   Guì   Yàn

    华~   ~飞   ~明   ~中   ~汉   ~元   ~力
    Huá   Fēi   Míng   Zhōng   Hàn   Yuán   Lì

乔 Qiáo   1. tall   2. disguise

Ex: 午~   玉~   伯~   弓~   ~冬   ~中   ~松
    Wǔ   Yù   Bó   Gōng   Dōng   Zhōng   Sōng

侨 Qiáo   a person living abroad

Ex: ~安   ~山   ~圣   汉~   宗~   仲~   景~
    Ān   Shān   Shèng   Hàn   Zōng   Zhòng   Jǐng

翘 M Qiáo   1. raise   2. an outstanding person

Ex: 宗~   楚~   鸿~   侗~   奇~   诚~   祖~
    Zōng   Chǔ   Hóng   Tǒng   Qí   Chéng   Zǔ

巧 Qiǎo   ingenious; clever

Ex: ~琳   ~慈   ~新   ~优   ~亮   ~观   ~玉
    Lín   Cí   Xīn   Yōu   Liàng   Guān   Yù

钦 Qīn   admire; respect

Ex: 应~   正~   庄~   ~言   ~绥   ~葳   ~荃
    Yīng   Zhèng   Zhuāng   Yán   Suí   Wēi   Quán

芹 Qín   celery

Ex: ~华   ~荣   ~英   ~莨   ~芸   ~芬   ~菘
    Huá   Róng   Yīng   Liáng   Yún   Fēn   Sōng

秦 Qín   the Qin dynasty

Ex: 冠~   甫~   仲~   季~   光~   思~   扶~
    Guān   Fǔ   Zhòng   Jì   Guāng   Sī   Fú

琴	Qín	musical instrument

Ex:　香~　松~　咏~　羿~　玉~　桂~　韵~
　　　Xiāng　Sōng　Yǒng　Yì　Yù　Guì　Yùn

勤	Qín	diligent; industrious; hardworking

Ex:　子~　学~　从~　时~　正~　喜~　方~
　　　Zǐ　Xué　Cóng　Shí　Zhèng　Xǐ　Fāng

青	Qīng	1. blue or green 2. green grass 3. youth; youthfulness

Ex:　~木　~杰　~松　~栾　椿~　望~　永~
　　　Mù　Jié　Sōng　Luán　Chūn　Wàng　Yǒng

卿	Qīng	1. a minister in ancient times 2. a term of endearment formerly used between husband and wife

Ex:　慧~　子~　长~　仲~　梓~　升~　少~
　　　Huì　Zǐ　Cháng　Zhòng　Zǐ　Shēng　Shào

清	Qīng	pure; clean; stainless; honest and upright

Ex:　~莲　~澄　~涟　~水　~明　~滢　~泉
　　　Lián　Chéng　Lián　Shuǐ　Míng　Yíng　Quán

晴 F	Qíng	fine; clear; sunny

Ex:　~好　~和　~云　~煦　~雯　~景　~莞
　　　Hǎo　Hé　Yún　Xù　Wén　Jǐng　Wǎn

庆	Qìng	celebrate; congratulate; rejoice

Ex:　遵~　~云　~光　~裕　~登　~民　~余
　　　Zūn　Yún　Guāng　Yù　Dēng　Mín　Yú

琼 F	Qióng	fine jade

Ex:　飞~　翠~　佩~　芳~　舜~　秀~　妙~
　　　Fēi　Cuì　Pèi　Fāng　Shùn　Xiù　Miào

丘 Qiū   mound; hill

Ex: 满~   粟~   谷~   实~   德~   孔~   仲~
      Mǎn   Sù   Gǔ   Shí   Dé   Kǒng   Zhòng

秋 Qiū   autumn; harvest time

Ex: 广~   丰~   ~瑾   ~林   ~泉   ~月   ~菊
      Guǎng   Fēng   Jǐn   Lín   Quán   Yuè   Jú

      ~穗   ~实   ~枫   旺~   望~   金~   幸~
      Suì   Shí   Fēng   Wàng   Wàng   Jīn   Xìng

裘 Qiú   fur coat

Ex: 美~   荣~   成~   望~   贵~   银~   华~
      Měi   Róng   Chéng   Wàng   Guì   Yín   Huá

趋 Qū   hasten; tend towards

Ex: ~盛   ~良   ~阳   ~平   ~勇   ~曜   ~运
      Shèng   Liáng   Yáng   Píng   Yǒng   Yào   Yùn

渠 M Qú   1. canal   2. medium of communication

Ex: 国~   汉~   大~   昌~   亨~   ~通   ~成
      Guó   Hàn   Dà   Chāng   Hēng   Tōng   Chéng

趣 Qù   interest; delight

Ex: ~玉   ~云   ~河   ~志   ~泽   ~赴   ~涛
      Yù   Yún   Hé   Zhì   Zé   Fù   Tāo

权 M Quán   right; power; authority

Ex: 国~   伟~   柄~   昆~   建~   钦~   汉~
      Guó   Wěi   Bǐng   Kūn   Jiàn   Qīn   Hàn

全 Quán   complete; whole; entirely; perfect

Ex: 亨~   十~   文~   秀~   常~   道~   济~
      Hēng   Shí   Wén   Xiù   Cháng   Dào   Jì

泉 _M **Quán**   spring water; fountain head; source

Ex: ～和　　笑～　　长～　　松～　　万～　　清～　　林～
　　　Hé　　Xiào　　Cháng　　Sōng　　Wàn　　Qīng　　Lín

确 **Què**   true; reliable; indeed

Ex: 文～　　皋～　　皇～　　甫～　　嘉～　　～齐　　～堂
　　　Wén　　Gāo　　Huáng　　Fǔ　　Jiā　　Qí　　Táng

群 **Qún**   crowd; group; the masses

Ex: 爱～　　健～　　建～　　鸿～　　敬～　　策～　　显～
　　　Ài　　Jiàn　　Jiàn　　Hóng　　Jìng　　Cè　　Xiǎn

　　　～英　　～立　　～才　　～贤　　～庚　　～冈　　～知
　　　Yīng　　Lì　　Cái　　Xián　　Gēng　　Gāng　　Zhī

89

R

然	**Rán**	right; correct						
	Ex:	浩~	景~	君~	伯~	孝~	文~	思~
		Hào	Jǐng	Jūn	Bó	Xiào	Wén	Sī

人	**Rén**	human being; person; people						
	Ex:	~理	~佳	~冠	~杰	~俊	忠~	新~
		Lǐ	Jiā	Guān	Jié	Jùn	Zhōng	Xīn

仁	**Rén**	1. kindheartedness; humanity 2. merciful; benevolent						
	Ex:	存~	葆~	尚~	安~	守~	先~	谦~
		Cún	Bǎo	Shàng	Ān	Shǒu	Xiān	Qiān

任	**Rèn**	appoint; take up a job						
	Ex:	~先	~之	~冈	~祺	钦~	胜~	愉~
		Xiān	Zhī	Gāng	Qí	Qīn	Shèng	Yú

荣	**Róng**	1. grow luxuriantly; flourish 2. honour; glory						
	Ex:	光~	国~	木~	汉~	振~	~武	~照
		Guāng	Guó	Mù	Hàn	Zhèn	Wǔ	Zhào

容 F	**Róng**	1. hold; contain 2. tolerate 3. appearance; looks 4. permit; allow						
	Ex:	雅~	谦~	欢~	健~	俊~	月~	黛~
		Yǎ	Qiān	Huān	Jiàn	Jùn	Yuè	Dài

蓉 F	**Róng**	lotus; cottonrose						
	Ex:	芙~	欣~	焕~	蕙~	佩~	春~	华~
		Fú	Xīn	Huàn	Huì	Pèi	Chūn	Huá

榕 Róng	smallfruited fig tree
Ex:	~正 Zhèng ~亭 Tíng ~盛 Shèng ~茂 Mào ~堂 Táng ~壮 Zhuàng ~柯 Kē

融 Róng	happy and harmonious; warm; on friendly terms
Ex:	令~ Lìng 和~ Hé ~昶 Chǎng ~恬 Tián ~泰 Tài ~悦 Yuè ~浦 Pǔ

柔 F Róu	soft; gentle; tender; delicate; lovely
Ex:	~盼 Pàn ~景 Jǐng ~雯 Wén ~波 Bō 至~ Zhì 端~ Duān 怡~ Yí

如 Rú	like; as; if
Ex:	~茵 Yīn ~皋 Gāo ~彦 Yàn ~素 Sù ~梅 Méi 莲~ Lián 松~ Sōng
	裕~ Yù 满~ Mǎn 宽~ Kuān 冰~ Bīng 易~ Yì 东~ Dōng 和~ Hé

蕊 F Ruǐ	stamen or pistil
Ex:	~思 Sī 晓~ Xiǎo 新~ Xīn 美~ Měi 香~ Xiāng 馨~ Xīn 锦~ Jǐn

锐 Ruì	1. sharp; keen; acute 2. dash; drive
Ex:	~正 Zhèng ~力 Lì ~务 Wù ~思 Sī 显~ Xiǎn 赞~ Zàn 原~ Yuán

瑞 Ruì	auspicious; lucky
Ex:	~满 Mǎn ~雪 Xuě ~年 Nián ~远 Yuǎn ~景 Jǐng ~容 Róng ~云 Yún

睿 Ruì	wise and farsighted
Ex:	~智 Zhì ~远 Yuǎn ~见 Jiàn ~彦 Yàn ~明 Míng ~硕 Shuò ~度 Dù

91

| 润 | **Rùn** | moist; smooth; sleek |

Ex:

可~	长~	常~	~土	~山	~泽	~之
Kě	Cháng	Cháng	Tǔ	Shān	Zé	Zhī

| 若 | **Ruò** | like; seem; if |

Ex:

~兰	~莲	~纯	~昆	昭~	休~	昌~
Lán	Lián	Chún	Kūn	Zhāo	Xiū	Chāng

In olden China, it was common to see a clan-name displayed over the main doorway of a Chinese home. When the Chinese emigrated to Southeast Asia, they brought with them this tradition and one may still see some of these clan-names at the main entrances of the old residences in Singapore.

赛 Sài　1. match; game; competition; contest 2. be comparable to; surpass

Ex: ~邦　~宾　~锦　~章　~雪　~君　~梅
　　Bāng　Bīn　Jǐn　Zhāng　Xuě　Jūn　Méi

瑟 F Sè　a musical instrument

Ex: 秀~　玉~　素~　望~　~韵　~如　~松
　　Xiù　Yù　Sù　Wàng　Yùn　Rú　Sōng

森 Sēn　forest; full of trees; multitudinous

Ex: 木~　元~　景~　弘~　允~　嵩~　昌~
　　Mù　Yuán　Jǐng　Hóng　Yǔn　Sōng　Chāng
　　tree　(primary)　view　grand　just/fair　lofty　flourishing

莎 F Shā　a type of grass

Ex: 白~　丽~　江~　香~　冰~　爱~　艾~
　　Bái　Lì　Jiāng　Xiāng　Bīng　Ài　Ài

杉 Shān　china fir

Ex: 飒~　挺~　玉~　如~　修~　高~　秋~
　　Sù　Tǐng　Yù　Rú　Xiū　Gāo　Qiū

珊 F Shān　coral

Ex: ~瑚　~瑛　静~　芸~　凤~　芳~　汶~
　　Hú　Yīng　Jìng　Yún　Fèng　Fāng　Wén

山 Shān　hill; mountain

Ex: 永~　松~　远~　南~　昆~　泰~　青~
　　Yǒng　Sōng　Yuǎn　Nán　Kūn　Tài　Qīng

姗 F **Shān** be slow in coming

Ex: 美~ 佩~ 容~ 彬~ 莲~ 慧~ 庄~
　　　Měi　Pèi　Róng　Bīn　Lián　Huì　Zhuāng

闪 **Shǎn** lightning; flash of light; twinkle; glimmer

Ex: ~光 ~亮 ~烁 ~辉 ~耀 ~异 ~明
　　　Guāng　Liàng　Shuò　Huī　Yào　Yì　Míng

善 **Shàn** 1. good; honest; kindhearted 2. goodwill; mercy

Ex: 崇~ 进~ 希~ 唯~ 思~ 存~ 守~
　　　Chóng　Jìn　Xī　Wéi　Sī　Cún　Shǒu

上 **Shàng** upper; up; upward; forge ahead

Ex: 图~ 力~ 达~ 向~ ~德 ~泽 ~佑
　　　Tú　Lì　Dá　Xiàng　Dé　Zé　Yòu

尚 **Shàng** esteem; value

Ex: ~贤 ~义 ~达 ~诚 ~恺 ~芳 ~宗
　　　Xián　Yì　Dá　Chéng　Kǎi　Fāng　Zōng

韶 **Sháo** 1. splendid; beautiful 2. beautiful springtime; glorious youth

Ex: ~光 ~华 ~洪 ~和 ~辉 ~庆 ~维
　　　Guāng　Huá　Hóng　Hé　Huī　Qìng　Wéi

少 **Shào** young

Ex: ~华 ~平 ~英 ~川 ~珪 ~怀 ~通
　　　Huá　Píng　Yīng　Chuān　Guī　Huái　Tōng

绍 **Shào** carry on; continue

Ex: ~棠 ~葆 ~华 ~文 ~永 ~允 ~惠
　　　Táng　Bǎo　Huá　Wén　Yǒng　Yǔn　Huì

申	Shēn	state; express; explain

Ex:

毓~	芸~	昌~	芳~	品~	津~	怡~
Yù	Yún	Chāng	Fāng	Pǐn	Jīn	Yí

绅ₘ	Shēn	gentry; gentleman

Ex:

经~	靖~	其~	范~	新~	斌~	丰~
Jīng	Jìng	Qí	Fàn	Xīn	Bīn	Fēng

深	Shēn	1. deep; heartfelt 2. deep feeling; degree of depth

Ex:

~泉	~津	~源	~厚	肇~	广~	远~
Quán	Jīn	Yuán	Hòu	Zhào	Guǎng	Yuǎn

慎	Shèn	careful; cautious

Ex:

~言	~思	~昌	~为	~择	从~	操~
Yán	Sī	Chāng	Wéi	Zé	Cóng	Cāo

升	Shēng	rise; hoist; go up; ascend

Ex:

~登	~辉	~和	~濂	旭~	东~	日~
Dēng	Huī	Hé	Lián	Xù	Dōng	Rì

红~	云~	方~	连~	增~	康~	焕~
Hóng	Yún	Fāng	Lián	Zēng	Kāng	Huàn

生	Shēng	1. grow 2. vitality 3. lively; vivid

Ex:

~泓	~和	~明	嘉~	惠~	新~	燕~
Hóng	Hé	Míng	Jiā	Huì	Xīn	Yàn

声	Shēng	1. sound 2. reputation

Ex:

~哲	~诚	~逸	~仲	~惠	允~	道~
Zhé	Chéng	Yì	Zhòng	Huì	Yǔn	Dào

圣	Shèng	sage; holy

Ex:

~先	~真	~仁	~宜	~绪	继~	化~
Xiān	Zhēn	Rén	Yí	Xù	Jì	Huà

胜 **Shèng** victory; success

Ex: 庆~   常~   恒~   万~   连~   乐~   延~
    Qìng Cháng Héng   Wàn   Lián   Lè   Yán

盛 M **Shèng** 1. flourishing; prosperous; grand; magnificent
2. generosity

Ex: ~锦   ~谊   ~隆   明~   锡~   昌~   蔚~
     Jǐn   Yí   Lóng Míng   Xī   Chāng   Wèi

诗 **Shī** poetry; verse; poem

Ex: ~君   ~然   ~畅   ~趣   绿~   若~   乐~
     Jūn   Rán   Chàng   Qù   Lǜ   Ruò   Lè

施 **Shī** execute; carry out; put to good use

Ex: ~宏   ~优   ~沃   ~满   ~永   ~平   ~惠
     Hóng   Yōu   Wò   Mǎn   Yǒng   Píng   Huì

石 **Shí** stone; rock

Ex: 小~   基~   南~   玉~   钧~   ~柱   ~挥
     Xiǎo   Jī   Nán   Yù   Jūn   Zhù   Huī

时 **Shí** time; times; age; days

Ex: ~禾   ~臻   ~新   ~祐   惜~   慕~   向~
     Hé   Zhēn   Xīn   Yòu   Xī   Mù   Xiàng

实 **Shí** 1. solid; true 2. reality; fact 3. fruit; seed

Ex: ~范   ~增   ~祺   ~惠   ~裕   ~禧   ~宽
     Fàn   Zēng   Qí   Huì   Yù   Xǐ   Kuān

史 **Shǐ** history

Ex: ~良   ~惠   ~瑞   ~萃   ~申   ~韵   ~蹇
     Liáng   Huì   Ruì   Cuì   Shēn   Yùn   Qiān

使	Shǐ	envoy; messenger						
	Ex:	~信	~季	~骞	~彦	~谊	~盟	~新
		Xìn	Jì	Qiān	Yàn	Yí	Méng	Xīn

始	Shǐ	begining; start						
	Ex:	~美	~凯	~荣	~赞	~沛	~林	~芳
		Měi	Kǎi	Róng	Zàn	Pèi	Lín	Fāng

士	Shì	bachelor; scholar; gentry						
	Ex:	安~	~元	~衡	~龙	~光	~廉	~宗
		Ān	Yuán *first, 1°*	Héng	Lóng	Guāng	Lián	Zōng

仕	Shì	be an official; official career						
	Ex:	~季	~达	~珣	~景	~显	~恭	~秉
		Jì	Dá	Xún	Jǐng	Xiǎn	Gōng	Bǐng

世	Shì	from generation to generation; world						
	Ex:	~游	~英	~光	~凯	~锡	~文	~度
		Yóu	Yīng	Guāng	Kǎi	Xī	Wén *elegant*	Dù

释	Shì	1. let go; be relieved of 2. release; set free						
	Ex:	~尘	~寂	~幸	~宥	~初	~恕	~霜
		Chén	Jì	Xìng	Yòu	Chū	Shù	Shuāng
		~颜	~愁	~蒙	~劳	~然	~宽	广~
		Yán	Chóu	Méng	Láo	Rán	Kuān	Guǎng

守	Shǒu	guard; keep watch						
	Ex:	~中	~谦	~治	~仁	~哲	~俊	~钦
		Zhōng	Qiān	Zhì	Rén	Zhé	Jùn	Qīn

首	Shǒu	1. head; leader 2. first						
	Ex:	~节	~安	~熙	~钟	~慈	~珣	~康
		Jié	Ān	Xī	Zhōng	Cí	Xún	Kāng

寿	**Shòu**	longevity; long life					
	Ex:	禄~	冠~	永~	延~	彰~	彭~	~仁
		Lù	Guān	Yǒng	Yán	Zhāng	Péng	Rén

受	**Shòu**	receive; accept					
	Ex:	大~	咏~	~基	~堂	~福	~彦	~亭
		Dà	Yǒng	Jī	Táng	Fú	Yàn	Tíng

授	**Shòu**	award; vest; confer; give; teach					
	Ex:	克~	胥~	~凤	~孚	~阜	~甫	~勋
		Kè	Xù	Fèng	Fú	Fù	Fǔ	Xūn

书	**Shū**	1. write 2. book; document					
	Ex:	正~	翰~	玉~	贵~	冠~	重~	钧~
		Zhèng	Hàn	Yù	Guì	Guàn	Zhòng	Jūn

抒	**Shū**	express; convey					
	Ex:	~林	~机	~诗	~槐	~煌	~焕	~新
		Lín	Jī	Shī	Huái	Huáng	Huàn	Xīn

淑 F	**Shū**	kind and gentle; fair					
	Ex:	~卿	~清	~英	~浣	~湘	~仪	~娥
		Qīng	Qīng	Yīng	Huàn	Xiāng	Yí	É

舒	**Shū**	1. stretch 2. easy; leisurely 3. unfold					
	Ex;	~坦	~娟	~怡	~慧	~眉	~心	~志
		Tǎn	Juān	Yí	Huì	Méi	Xīn	Zhì
		~趣	~晖	~宏	~文	~卷	~云	~怀
		Qù	Huī	Hóng	Wén	Juàn	Yún	Huái

曙	**Shǔ**	daybreak; dawn					
	Ex:	~曦	~亮	~华	~云	~堂	~湘	~畅
		Xī	Liàng	Huá	Yún	Táng	Xiāng	Chàng

术	**Shù**	art; skill; technique					
	Ex:	风~	恒~	良~	坤~	芸~	望~	昌~
		Fēng	Héng	Liáng	Kūn	Yún	Wàng	Chāng

述	**Shù**	state; relate; narrate					
	Ex:	~成	~甫	~牧	~志	~仲	~忠	~敬
		Chéng	Fǔ	Mù	Zhì	Zhòng	Zhōng	Jìng

树	**Shù**	1. tree; plant 2. set up; establish					
	Ex:	宝~	玉~	伟~	锦~	~葳	~轩	~成
		Bǎo	Yù	Wěi	Jǐn	Wēi	Xuān	Chéng

竖	**Shù**	vertical; upright					
	Ex:	~帜	~实	~德	~鼎	~藩	~昭	~通
		Zhì	Shí	Dé	Dǐng	Fān	Zhāo	Tōng

恕	**Shù**	forgive; pardon; excuse					
	Ex:	~初	~元	~度	晓~	惠~	深~	允~
		Chū	Yuán	Dù	Xiǎo	Huì	Shēn	Yǔn

庶	**Shù**	multitudinous; numerous					
	Ex:	~智	~平	~尚	~思	~之	~泰	~望
		Zhì	Píng	Shàng	Sī	Zhī	Tài	Wàng
		~道	~康	~新	~英	~睦	~嘉	
		Dào	Kāng	Xīn	Yīng	Mù	Jiā	

澍	**Shù**	timely rain					
	Ex:	良~	时~	春~	望~	稼~	谷~	裕~
		Liáng	Shí	Chūn	Wàng	Jià	Gǔ	Yù

水	**Shuǐ**	water; river					
	Ex:	长~	春~	乐~	~浩	~智	~源	~良
		Cháng	Chūn	Lè	Hào	Zhì	Yuán	Liáng
		long	*spring love life*	*joyful*	*vast*			

99

顺	**Shùn**	smooth; unhindered; agreeable; easy; put in order					
	Ex:	～训	～治	～恭	～坦	～舟	～尧	～德
		Xùn	Zhì	Gōng	Tǎn	Zhōu	Yáo	Dé

舜	**Shùn**	the name of a legendary monarch in ancient China					
	Ex:	承～	英～	金～	继～	敬～	怀～	光～
		Chéng	Yīng	Jīn	Jì	Jìng	Huái	Guāng

烁	**Shuò**	bright; shining; twinkle					
	Ex:	永～	粲～	星～	光～	慧～	～辉	～华
		Yǒng	Càn	Xīng	Guāng	Huì	Huī	Huá

朔	**Shuò**	new moon					
	Ex:	～昌	～彰	～盛	～旺	～元	～裕	～豫
		Chāng	Zhāng	Shèng	Wàng	Yuán	Yù	Yù

硕	**Shuò**	1. large 2. rich fruits; great achievements					
	Ex:	昌～	秀～	萱～	庄～	～玉	～谷	～实
		Chāng	Xiù	Xuān	Zhuāng	Yù	Gǔ	Shí

丝 F	**Sī**	silk					
	Ex:	蕙～	佩～	妙～	美～	碧～	锦～	金～
		Huì	Pèi	Miào	Měi	Bì	Jǐn	Jīn

思	**Sī**	think; consider; long for					
	Ex:	～光	～亮	～齐	～勉	～源	～潜	～然
		Guāng	Liàng	Qí	Miǎn	Yuán	Qián	Rán

四	**Sì**	four					
	Ex:	～海	～维	～向	～方	～术	～平	～极
		Hǎi	Wéi	Xiàng	Fāng	Shù	Píng	Jí

松 _M **Sōng** pine tree

Ex: ～林 ～山 ～坡 ～涛 ～原 ～柏 ～海
Lín Shān Pō Tāo Yuán Bò Hǎi

嵩 _M **Sōng** 1. high mountain 2. lofty

Ex: ～照 ～桢 ～凌 云～ 幸～ 玉～ 伟～
Zhào Zhēng Líng Yún Xìng Yù Wěi

宋 **Sòng** the Song Dynasty

Ex: ～珩 ～平 ～顺 ～哲 ～同 ～章 ～至
Héng Píng Shùn Zhé Tóng Zhāng Zhì

送 **Sòng** 1. a present 2. deliver; hand over

Ex: 天～ 登～ 以～ ～麟 ～英 ～澄 ～婷
Tiān Dēng Yǐ Lín Yīng Chéng Tíng

颂 **Sòng** 1. praise; song 2. loud

Ex: ～庶 ～恩 ～义 ～安 ～光 ～康 ～学
Shù Ēn Yì Ān Guāng Kāng Xué

　 ～玉 ～濂 ～勤 祺～ 宇～ 庆～ 景～
Yù Lián Qín Qí Yǔ Qìng Jǐng

苏 **Sū** revive; come to

Ex: 缦～ ～英 ～雨 ～生 ～昭 ～轩 ～慧
Màn Yīng Yǔ Shēng Zhāo Xuān Huì

肃 **Sù** respectful; solemn; serious

Ex: ～朝 ～敬 ～应 ～川 ～央 ～颖 ～易
Cháo Jìng Yìng Chuān Yāng Yǐng Yì

素 _F **Sù** plain; quiet; simple

Ex: ～云 ～心 ～英 ～洁 ～珍 ～苑 ～婉
Yún Xīn Yīng Jié Zhēn Yuàn Wǎn

101

粟 **Sù** millet

Ex: 海～ 永～ 沧～ 富～ 延～ ～洲 ～茂
Hǎi Yǒng Cāng Fù Yán Zhōu Mào

绥 **Suí** 1. peaceful 2. pacify

Ex: 永～ 维～ 相～ 靖～ ～辰 ～滨 ～增
Yǒng Wéi Xiāng Jìng Chén Bīn Zēng

遂 **Suì** satisfy; fulfil; succeed

Ex: ～志 ～初 ～深 ～善 ～启 顺～ 广～
Zhì Chū Shēn Shàn Qǐ Shùn Guǎng

穗 **Suì** the ear of a grain

Ex: ～华 ～广 ～海 ～州 美～ 智～ 满～
Huá Guǎng Hǎi Zhōu Měi Zhì Mǎn

长～ 芝～ 和～ 金～ 旺～ 昌～
Cháng Zhī Hé Jīn Wàng Chāng

台 Tái   platform; stage

Ex: 念~   子~   始~   明~   少~   ~青   ~生

     Niàn   Zǐ   Shǐ   Míng   Shào   Qīng   Shēng

太 Tài   highest; greatest; extremely

Ex: ~伯   ~真   ~白   ~观   ~光   ~淳   ~韬

     Bó   Zhēn   Bái   Guān   Guāng   Chún   Tāo

泰ₘ Tài   safe; peaceful; in good health

Ex: 国~   皋~   浩~   庄~   笙~   ~来   ~山

     Gúo   Gāo   Hào   Zhuāng   Shēng   Lái   Shān

潭 Tán   deep pool; pond

Ex: 可~   光~   碧~   日~   青~   福~   禧~

     Kě   Guāng   Bì   Rì   Qīng   Fú   Xǐ

坦 Tǎn   level; smooth; calm; open; candid

Ex: 东~   泰~   舒~   心~   登~   ~程   ~容

     Dōng   Tài   Shū   Xīn   Dēng   Chéng   Róng

唐 Táng   the Tang Dynasty

Ex: 继~   期~   以~   孺~   观~   祉~   承~

     Jì   Qī   Yǐ   Rǔ   Guān   Zhǐ   Chén

堂ₘ Táng   grand; stately; beautiful and imposing; dignified

Ex: 锦~   玉~   松~   辛~   振~   益~   和~

     Jǐn   Yù   Sōng   Xīn   Zhèn   Yì   Hé

棠	**Táng**	Chinese bush cherry						
	Ex:	海~	美~	华~	荣~	庆~	盛~	棣~
		Hǎi	Měi	Huá	Róng	Qìng	Shèng	Dì

涛ₘ	**Tāo**	great waves; terrifying crashing waves						
	Ex:	崇~	洪~	孟~	仲~	宪~	镇~	定~
		Chóng	Hóng	Mèng	Zhòng	Xiàn	Zhèn	Dìng

桃ꜰ	**Táo**	peach						
	Ex:	春~	玉~	芳~	琼~	~源	~溪	~花
		Chūn	Yù	Fāng	Qióng	Yuán	Xī	Huā

陶	**Táo**	1. happy and carefree 2. mould a person's temperament						
	Ex:	~冶	~治	~云	~心	~情	~志	~真
		Yě	Zhì	Yún	Xīn	Qíng	Zhì	Zhēn

特	**Tè**	special; particular; out of the ordinary						
	Ex:	~稔	~任	~仕	~苒	~勤	~钦	~芩
		Rěn	Rèn	Shì	Rǎn	Qín	Qīn	Qín

腾ₘ	**Téng**	gallop; jump; prance						
	Ex:	远~	高~	~云	~翘	~飞	~跃	~蛟
		Yuǎn	Gāo	Yún	Qiáo	Fēi	Yào	Jiāo

体	**Tǐ**	1. body; part of the body 2. personally do or experience something						
	Ex:	~仁	~行	~知	~文	~中	~原	~祥
		Rén	Xíng	Zhī	Wén	Zhōng	Yuán	Xiáng

天	**Tiān**	sky; heaven						
	Ex:	~庭	~铭	~锡	~赐	~恩	青~	鹏~
		Tíng	Míng	Xī	Sì	Ēn	Qīng	Péng

添 M **Tiān** add; increase
Ex: ～禄 ～恩 ～吉 ～祥 ～惠 ～庶 ～寿
Lù　Ēn　Jí　Xiáng　Huì　Shù　Shòu

田 **Tián** field; farmland
Ex: 青～ 景～ 菁～ 茂～ 锦～ 奂～ 华～
Qīng　Jǐng　Jīng　Mào　Jǐn　Huàn　Huá

恬 F **Tián** quiet; tranquil; calm
Ex: ～妮 ～媛 ～玉 ～庄 ～静 ～云 ～霞
Ní　Yuán　Yù　Zhuāng　Jìng　Yún　Xiá

甜 F **Tián** sweet; honeyed
Ex: ～杏 ～娃 ～茵 ～樱 ～津 ～榛 ～韵
Xìng　Wá　Yīn　Yīng　Jīn　Zhēn　Yùn

铁 M **Tiě** iron; man of iron will
Ex: 铮～ 方～ ～镇 ～山 ～基 ～印 ～杉
Zhēng　Fāng　Zhèn　Shān　Jī　Yìn　Shān

廷 **Tíng** palace
Ex: ～炯 ～卷 ～珏 ～蝉 ～章 ～璧 凤～
Jiǒng　Juàn　Jué　Chán　Zhāng　Bì　Fèng

亭 **Tíng** pavilion
Ex: 文～ 雨～ 玉～ 丹～ 松～ 晚～ 月～
Wén　Yǔ　Yù　Dān　Sōng　Wǎn　Yuè

庭 **Tíng** front courtyard; front yard
Ex: 天～ 光～ 辉～ 浩～ 阳～ ～盛 ～松
Tiān　Guāng　Huī　Hào　Yáng　Shèng　Sōng

　　　～美 ～满 ～康 ～佳 ～和 ～昌 ～泰
　　Měi　Mǎn　Kāng　Jiā　Hé　Chāng　Tài

婷 F **Tíng**	graceful

Ex:

乃～	曼～	婉～	静～	淑～	～文	～立
Nǎi	Màn	Wǎn	Jìng	Shū	Wén	Lì

挺 **Tǐng**	1. straight; erect; tall and graceful 2. endure

Ex:

～正	～秀	～枫	～桦	～修	～昌	～章
Zhèng	Xiù	Fēng	Huá	Xiū	Chāng	Zhāng

通 M **Tōng**	open; through; unobstructed; clear; easy and smooth

Ex:

孝～	兆～	培～	大～	绵～	宏～	亦～
Xiào	Zhào	Péi	Dà	Mián	Hóng	Yì

同 **Tóng**	same; alike; identical

Ex:

纪～	大～	洛～	谊～	永～	释～	兆～
Jì	Dà	Luò	Yì	Yǒng	Shì	Zhào

桐 **Tóng**	phoenix tree; tung tree

Ex:

季～	朴～	学～	咏～	钟～	珩～	荣～
Jì	Pǔ	Xué	Yǒng	Zhōng	Héng	Róng

统 **Tǒng**	1. all; together 2. unify; unite

Ex:

～义	～璋	～绍	～博	～鉴	～徽	～珍
Yì	Zhāng	Shào	Bó	Jiàn	Huī	Zhēn

图 **Tú**	1. picture; chart; map 2. plan; pursue

Ex:

树～	鸿～	富～	雄～	～进	～志	～壮
Shù	Hóng	Fù	Xióng	Jìn	Zhì	Zhuàng

团 **Tuán**	1. round; circular 2. reunion

Ex:

锦～	灼～	经～	纬～	恕～	释～	仰～
Jǐn	Zhuó	Jīng	Wěi	Shù	Shì	Yǎng

妥 **Tuǒ** proper; appropriate; well arranged

Ex:

安~	~立	~全	~泰	~平	~明	~诚
Ān	Lì	Quán	Tài	Píng	Míng	Chéng

~然	~贤	~祥	~文	稳~	~绥	~宽
Rán	Xián	Xiáng	Wén	Wěn	Suì	Kuān

拓M **Tuò** open up; develop

Ex:

~野	~疆	~新	~源	~峰	~景	~道
Yě	Jiāng	Xīn	Yuán	Fēng	Jǐng	Dào

~成	~林	~盛	~之	~夫	~观	~广
Chéng	Lín	Shèng	Zhī	Fū	Guān	Guǎng

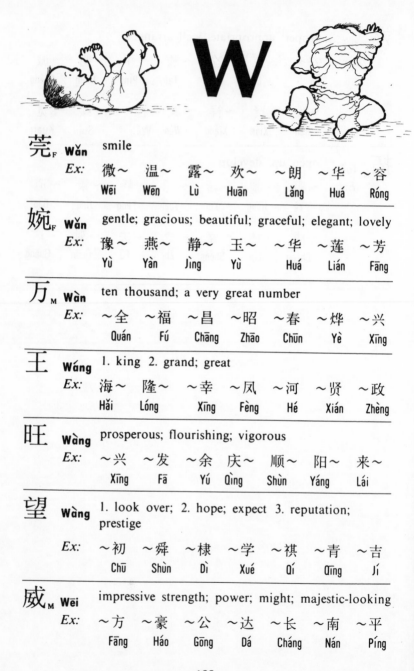

W

莞 _F **Wǎn**   smile

Ex: 微～   温～   露～   欢～   ～朗   ～华   ～容
      Wēi   Wēn   Lù   Huān   Lǎng   Huá   Róng

婉 _F **Wǎn**   gentle; gracious; beautiful; graceful; elegant; lovely

Ex: 豫～   燕～   静～   玉～   ～华   ～莲   ～芳
      Yù   Yàn   Jìng   Yù   Huá   Lián   Fāng

万 _M **Wàn**   ten thousand; a very great number

Ex: ～全   ～福   ～昌   ～昭   ～春   ～烨   ～兴
      Quán   Fú   Chāng   Zhāo   Chūn   Yè   Xīng

王   **Wáng**   1. king   2. grand; great

Ex: 海～   隆～   ～幸   ～凤   ～河   ～贤   ～政
      Hǎi   Lóng   Xīng   Fèng   Hé   Xián   Zhèng

旺   **Wàng**   prosperous; flourishing; vigorous

Ex: ～兴   ～发   ～余   庆～   顺～   阳～   来～
      Xīng   Fā   Yú   Qìng   Shùn   Yáng   Lái

望   **Wàng**   1. look over; 2. hope; expect 3. reputation; prestige

Ex: ～初   ～舜   ～棣   ～学   ～祺   ～青   ～吉
      Chū   Shùn   Dì   Xué   Qí   Qīng   Jí

威 _M **Wēi**   impressive strength; power; might; majestic-looking

Ex: ～方   ～豪   ～公   ～达   ～长   ～南   ～平
      Fāng   Háo   Gōng   Dá   Cháng   Nán   Píng

微_F **Wēi**	1. slight; tiny; small 2. smile						
Ex:	～曦	～娜	～娇	～瑛	～雪	～珍	～婉
	Xī	Nà	Jiāo	Yīng	Xuě	Zhēn	Wǎn

薇_F **Wēi**	rose						
Ex:	～蕊	～芯	～苑	～菡	～苒	～荃	～芩
	Ruǐ	Xīn	Wǎn	Hàn	Rǎn	Quán	Qín

巍_M **Wēi**	towering; lofty; majestic						
Ex:	～然	～迈	～洛	～象	轩～	志～	至～
	Rán	Mài	Luò	Xiàng	Xuān	Zhì	Zhì

为 **Wéi**	do; act; act with daring						
Ex:	大～	焯～	明～	超～	藩～	～栋	～经
	Dà	Zhuó	Míng	Chāo	Fān	Dòng	Jīng

维 **Wéi**	1. tie up; hold together 2. thinking; thought 3. maintain; support						
Ex:	～钧	～绥	～经	～和	～平	民～	大～
	Jūn	Suí	Jīng	Hé	Píng	Mín	Dà

伟_M **Wěi**	big; great; magnificent; mighty						
Ex:	～权	～文	～度	～恒	～齐	至～	承～
	Quán	Wén	Dù	Héng	Qí	Zhì	Chéng

纬 **Wěi**	weft; parallel						
Ex:	经～	国～	容～	原～	恭～	～则	～长
	Jīng	Guó	Róng	Yuán	Gōng	Zé	Cháng

玮 **Wěi**	1. valuable; precious 2. rare treasure						
Ex:	平～	南～	启～	～珠	～琇	～咨	～台
	Píng	Nán	Qǐ	Zhū	Xiù	Zī	Tái

卫 _M **Wèi** defend; guard; protect

Ex: ～中 ～国 ～稷 ～汉 ～基 前～ 天～

Zhōng Guó Jì Hàn Jī Qián Tiān

base, foundation front, forward

未 **Wèi** future; approaching; next

Ex: ～辛 ～飒 ～若 ～央 ～艾 ～雨 ～济

Xīn Sà Ruò Yāng Ài Yǔ Jì

位 **Wèi** place; location

Ex: 正～ 南～ 叔～ 明～ 文～ 通～ ～平

Zhèng Nán Shū Míng Wén Tōng Píng

蔚 **Wèi** luxuriant; grand; sky blue

Ex: ～礼 ～风 ～敬 ～伦 ～先 玉～ 承～

Lǐ Fēng Jìng Lún Xiān Yù Chéng

慰 **Wèi** console; comfort

Ex: ～承 ～则 ～延 ～昶 ～凤 ～融 文～

Chéng Zé Yán Chǎng Fèng Róng Wén

温 **Wēn** warm; moderate; gentle and soft; gentle and cultivated

Ex: ～通 ～和 ～远 ～伟 ～舒 ～表 ～宛

Tōng Hé Yuǎn Wěi Shū Biǎo Wǎn

文 **Wén** elegant; refined; cultivated; suave

Ex: ～福 ～德 ～思 ～涓 ～授 景～ 为～

Fú Dé Sī Juān Shòu Jǐng Wéi

稳 **Wěn** 1. steadily 2. firm; stable; safe; reliable; staid

Ex: ～稷 ～梁 ～量 ～良 ～健 ～竣 ～固

Jì Liáng Liàng Liáng Jiàn Jùn Gù

沃 **Wò** fertile; rich soil

Ex: ～水 ～丰 ～土 ～疆 中～ 春～ 新～
Shuǐ Fēng Tǔ Jiāng Zhōng Chūn Xīn

无 **Wú** nothing; nil

Ex: ～瑕 ～愁 ～尘 ～碌 ～为 ～疾 ～戈
Xiá Chóu Chén Lù Wéi Jí Gē

吾 **Wú** I; we

Ex: 省～ 涤～ 处～ 静～ 悟～ 舍～ 冠～
Xǐng Dí Chù Jìng Wù Shě Guān

梧M **Wú** Chinese parasol

Ex: 亚～ 荣～ 炎～ 经～ 英～ 孟～ 学～
Yà Róng Yàn Jīng Yīng Mèng Xué

武M **Wǔ** military; armed might

Ex: 立～ 继～ 君～ 宜～ 祖～ 绳～ 克～
Lì Jì Jūn Yí Zǔ Shéng Kè

erect, upright succeed monarch pleasant early restraint
follow gentleman ancestor able

务 **Wù** affair; business

Ex: ～仲 ～叔 ～伯 ～冲 ～静 ～晞 ～统
Zhòng Shū Bó Chōng Jìng Xī Tǒng

悟 **Wù** realize; awaken

Ex: ～身 ～思 ～源 ～绪 ～牧 ～节 ～鸿
Shēn Sī Yuán Xù Mù Jié Hóng

～道 ～空 ～了 ～然 洞～ 顿～ 知～
Dào Kōng Liǎo Rán Dòng Dùn Zhī

西 Xī   west

Ex: 自～   泰～   ～稔   ～任   ～恺   ～钧   ～曼

      Zì   Tài   Rěn   Rèn   Kǎi   Jūn   Màn

希 Xī   1. rare; uncommon   2. hope; wish; expect

Ex: ～光   ～圣   ～平   ～惠   ～廉   ～白   ～哲

     Guāng   Shèng   Píng   Huì   Lián   Bái   Zhé

惜 Xī   cherish; value highly; care for tenderly; treasure

Ex: ～阴   ～真   ～景   ～重   ～恭   ～明   ～悟

     Yīn   Zhēn   Jǐng   Zhòng   Gōng   Míng   Wù

晞 Xī   the first light of day; daybreak

Ex: 美～   昭～   彦～   思～   慕～   ～澄   ～照

     Měi   Zhāo   Yàn   Sī   Mù   Chéng   Zhào

悉 Xī   all; entirely

Ex: ～明   ～奕   ～安   ～玄   ～敬   ～绰   ～润

     Míng   Yì   Ān   Xuán   Jìng   Chuò   Rùn

晰 Xī   clear; distinct

Ex: 白～   清～   维～   启～   燮～   兴～   世～

     Bái   Qīng   Wéi   Qǐ   Xiè   Xīng   Shì

稀 Xī   rare; scarce; uncommon; unusual

Ex: ～明   ～珍   ～英   ～久   ～玖   爱～   新～

     Míng   Zhēn   Yīng   Jiǔ   Jiǔ   Ài   Xīn

犀 Xī — sharp; incisive; trenchant

Ex: 香～ 芳～ 馥～ 远～ 溢～ 怡～ 思～
Xiāng Fāng Fù Yuǎn Yì Yí Sī

溪 Xī — small stream; brook; rivulet

Ex: 花～ 清～ 谷～ 石～ 芳～ 乐～ 美～
Huā Qīng Gǔ Shí Fāng Lè Měi

锡 Xī — tin

Ex: ～玉 ～金 ～贵 ～岳 ～泰 ～凤 ～珪
Yù Jīn Guì Yuè Tài Fèng Guī

熙 Xī — 1. bright; sunny 2. prosperous 3. gay; merry

Ex: ～煦 ～庭 ～园 ～照 ～和 ～梧 ～之
Xù Tíng Yuán Zhào Hé Wú Zhī

熹 Xī — dawn; brightness

Ex: ～迪 ～昆 ～丹 ～庄 ～云 ～铭 ～序
Dí Kūn Dān Zhuāng Yún Míng Xù

曦 Xī — sunlight; early morning sunlight

Ex: ～辉 ～光 ～明 ～皋 ～霁 方～ 晨～
Huī Guāng Míng Gāo Jì Fāng Chén

玺 Xǐ — imperial or royal seal

Ex: 尔～ 仲～ 玉～ 宝～ 禄～ ～璐 ～锟
Ěr Zhòng Yù Bǎo Lù Lù Kūn

喜 Xǐ — 1. happy; delighted; pleased 2. like; love; be fond of

Ex: ～奎 ～原 ～田 ～雨 ～卉 光～ 凤～
Kuí Yuán Tián Yǔ Huì Guāng Fèng

113

禧 Xǐ   auspiciousness; happiness; jubilation

Ex: ～宸　～慧　～屏　～缦　～祥　～彰　～致
　　　Chén　Huì　Píng　Màn　Xiáng　Zhāng　Zhì

系 Xì   be anxious about; feel concerned about

Ex: ～国　～祖　～恩　～汉　～稷　～邦　～德
　　　Guó　Zǔ　Ēn　Hàn　Jì　Bāng　Dé

细 Xì   1. delicate; tender 2. exquisite; dainty 3. very small; tiny 4. careful; attentive

Ex: ～流　～水　～耘　～淙　～雨　～芯　～涓
　　　Liú　Shuǐ　Yún　Cóng　Yǔ　Xīn　Juān

// **侠** Xiá   having a strong sense of justice and ready to help the weak

Ex: 少～　豪～　义～　颂～　佩～　沱～　吉～
　　　Shào　Háo　Yì　Sòng　Pèi　Tuó　Jí

瑕 Xiá   flaw in a piece of jade

Ex: 无～　碧～　璧～　白～　拂～　却～　疾～
　　　Wú　Bì　Bì　Bái　Fú　Què　Jí

霞 Xiá   rosy clouds; morning or evening glow

Ex: ～客　～天　朝～　紫～　云～　红～　彩～
　　　Kè　Tiān　Zhāo　Zǐ　Yún　Hóng　Cǎi

夏 Xià   1. summer 2. China

Ex: 元～　崇～　觐～　冠～　启～　恭～　～才
　　　Yuán　Chóng　Jìn　Guān　Qǐ　Gōng　Cái

仙 Xiān   celestial being; immortal

Ex: 韵～　～阁　～慧　～月　～郡　～逸　～洲
　　　Yùn　Gé　Huì　Yuè　Jùn　Yì　Zhōu

先 Xiān　1. earlier; before; first; in advance 2. guide; forerunner 3. vanguard 4. sage

Ex:　任~　望~　圣~　道~　~杰　~侠　~璇
　　　Rèn　Wàng　Shèng　Dào　　Jié　Xiá　Xuán

鲜 F Xiān　1. bright; bright-coloured 2. clear-cut; distinct

Ex:　~明　~亮　~珠　~朗　~春　~茴　~莘
　　　Míng　Liàng　Zhū　Lǎng　Chūn　Huí　Shēn

贤 Xián　1. prominent personage 2. worthy 3. virtuous; able and virtuous; wise and able

Ex:　念~　仰~　俊~　象~　尚~　绍~　钦~
　　　Niàn　Yǎng　Jùn　Xiàng　Shàng　Shào　Qīn

娴 F Xián　1. refined and gentle; elegant 2. adept; skilled

Ex:　景~　长~　文~　采~　~娘　~庄　~明
　　　Jǐng　Cháng　Wén　Cǎi　　Niáng　Zhuāng　Míng

显 Xiǎn　1. illustrious; celebrated 2. powerful and influential 3. notable; marked 4. obvious; manifest

Ex:　~贵　~能　~冠　~智　~耀　~杰　~俊
　　　Guì　Néng　Guān　Zhì　Yào　Jié　Jùn

现 Xiàn　present; current; existing

Ex:　~谊　~同　~容　~成　~中　~东　~通
　　　Yí　Tóng　Róng　Chéng　Zhōng　Dōng　Tōng

宪 Xiàn　1. statute 2. constitution

Ex:　家~　问~　中~　效~　维~　德~　向~
　　　Jiā　Wèn　Zhōng　Xiào　Wéi　Dé　Xiàng

羡 Xiàn　admire; envy

Ex:　~才　~英　~达　~立　~峰　~辉　~铭
　　　Cái　Yīng　Dá　Lì　Fēng　Huī　Míng

献	**Xiàn**	offer; present; donate; dedicate					
	Ex:	瑞~	雅~	世~	悦~	崇~	靖~	冀~
		Ruì	Yǎ	Shì	Yuè	Chóng	Jìng	Jì

香 F	**Xiāng**	1. fragrant; sweet-smelling 2. popular; welcome					
	Ex:	~苓	~菱	~雪	~霏	~纯	~梓	~春
		Líng	Líng	Xuě	Fēi	Chún	Zǐ	Chūn

湘	**Xiāng**	name of a river					
	Ex:	~纱	~秀	~江	~群	~京	~元	~余
		Shā	Xiù	Jiāng	Qún	Jīng	Yuán	Yú

襄	**Xiāng**	assist; help					
	Ex:	~曜	~逸	~莹	~陵	~立	~达	~应
		Yào	Yì	Yíng	Líng	Lì	Dá	Yìng

祥	**Xiáng**	auspicious; propitious; lucky					
	Ex:	麟~	~林	~云	~有	~勇	~豫	~珣
		Líng	Lín	Yún	Yǒu	Yǒng	Yù	Xún

翔	**Xiáng**	circle in the air					
	Ex:	燕~	鹏~	凤~	雁~	鸿~	凌~	飞~
		Yàn	Péng	Fèng	Yàn	Hóng	Líng	Fēi

享	**Xiǎng**	enjoy					
	Ex:	~成	~年	~学	~煦	~序	~晖	~闻
		Chéng	Nián	Xué	Xù	Xù	Huī	Wén

向	**Xiàng**	1. upward; up 2. sunny					
	Ex:	~时	~岳	~葵	~龙	~周	~阳	~锦
		Shí	Yuè	Kuí	Lóng	Zhōu	Yáng	Jǐn
		~同	~全	~诚	~云	~庶	~辉	~宇
		Tóng	Quán	Chéng	Yún	Shù	Huī	Yǔ

相 **Xiàng**	looks; appearance					
Ex:	其~	文~	炜~	霆~	~彤	~吾	~瑞
	Qí	Wén	Wěi	Tíng	Tóng	Wú	Ruì
	~汉	~绅	~贤	~远	~庆	~生	~彬
	Hàn	Shēn	Xián	Yuǎn	Qìng	Shēng	Bīn

骁 M **Xiāo**	brave; valiant					
Ex:	~勇	~健	~骋	~盛	~远	~飞	~鸣
	Yǒng	Jiàn	Chěng	Shèng	Yuǎn	Fēi	Míng

霄 **Xiāo**	clouds; sky; heaven					
Ex:	振~	凌~	云~	九~	青~	高~	冲~
	Zhèn	Líng	Yún	Jiǔ	Qīng	Gāo	Chōng

rouse self; before cloud blue; fall rush; import.
flourish dawn; cloud high grass; high place

小 **Xiǎo**	1. small; little; petty 2. young youth					
Ex:	~辛	~乙	~甲	~倩	~东	~青	~红
	Xīn	Yǐ	Jiǎ	Qiàn	Dōng	Qīng	Hóng

晓 **Xiǎo**	dawn; daybreak					
Ex:	~阳	~华	~盈	~乔	~欣	~章	~连
	Yáng	Huá	Yíng	Qiáo	Xīn	Zhāng	Lián

筱 **Xiǎo**	thin bamboo					
Ex:	~逸	~敬	~悦	~慈	~肃	~远	~蕞
	Yì	Jìng	Yuè	Cí	Sù	Yuǎn	Zuì

孝 **Xiào**	filial piety					
Ex:	~通	~甫	~直	~起	~先	~仁	~然
	Tōng	Fǔ	Zhí	Qǐ	Xiān	Rén	Rán

笑 **Xiào**	1. smile; laugh 2. smiling expression					
Ex:	~梅	~容	~仪	~月	~盈	~眉	~薇
	Méi	Róng	Yí	Yuè	Yíng	Méi	Wēi

效 **Xiào**	imitate; follow the example of						
Ex:	~辛	~绪	~训	~贤	~凤	~序	~纯
	Xīn	Xù	Xùn	Xián	Fèng	Xù	Chún

协 **Xié**	1. joint; combined 2. co-operation; co-ordination						
Ex:	~成	~立	~幸	~和	~同	咏~	永~
	Chéng	Lì	Xìng	Hé	Tóng	Yǒng	Yǒng

谐 **Xié**	in harmony; in accord						
Ex:	~乐	~朗	~祯	~运	~容	~宛	~逸
	Lè	Lǎng	Zhēng	Yùn	Róng	Wǎn	Yì

心 **Xīn**	heart; mind; feeling; intention						
Ex:	素~	一~	文~	养~	莲~	~怡	~然
	Sù	Yī	Wén	Yǎng	Lián	Yí	Rán

欣 **Xīn**	glad; happy; joyful; flourishing						
Ex:	~云	~荷	~悦	~雅	~喜	~愉	~莞
	Yún	Hé	Yuè	Yǎ	Xǐ	Yú	Wǎn

新 **Xīn**	new; fresh; up-to-date						
Ex:	~权	~庆	~民	~时	~蕾	~春	~雅
	Quán	Qìng	Mín	Shí	Lěi	Chūn	Yǎ
	~竹	~晖	~贵	~元	立~	达~	日~
	Zhú	Huī	Guì	Yuán	Lì	Dá	Rì

馨 **Xīn**	strong and pervasive fragrance						
Ex:	德~	仁~	~辉	~柔	~桂	~兰	~香
	Dé	Rén	Huī	Róu	Guì	Lán	Xiāng

信 **Xìn**	true; confidence; trust; faith						
Ex:	~基	~臻	~致	~诚	~纲	~义	~仁
	Jī	Zhēn	Zhì	Chéng	Gāng	Yì	Rén

兴 M **Xīng**	1. prosperous; flourishing; thriving 2. rise; spring up; be on the upgrade

Ex: ～隆　～盛　～业　～建　～浩　中～　纯～
　　　Lóng　Shèng　Yè　Jiàn　Hào　Zhōng　Chún

星 **Xīng**	star

Ex: 蒙～　海～　晨～　慧～　金～　～华　～辉
　　　Méng　Hǎi　Chén　Huì　Jīn　Huá　Huī

行 **Xíng**	capable; competent

Ex: ～骅　～骏　～汉　～度　～良　～实　～知
　　　Huá　Jùn　Hàn　Dù　Liáng　Shí　Zhī

型 **Xíng**	model; type; pattern

Ex: 楷～　建～　果～　弘～　和～　～康　～侃
　　　Kǎi　Jiàn　Guǒ　Hóng　Hé　Kāng　Kǎn

省 **Xǐng**	examine oneself critically; examine one's thoughts and conduct

Ex: ～身　～吾　～心　～志　～图　～意　三～
　　　Shēn　Wú　Xīn　Zhì　Tú　Yì　Sān

杏 F **Xìng**	apricot; almond

Ex: ～玲　～甘　～美　～和　～靓　梅～　仁～
　　　Líng　Gān　Měi　Hé　Liàng　Méi　Rén

幸 **Xìng**	good fortune; well-being; blessing; good luck

Ex: ～梧　～京　～英　～初　钦～　齐～　诚～
　　　Wú　Jīng　Yīng　Chū　Qīn　Qí　Chéng

雄 M **Xióng**	1. male 2. grand; imposing 3. powerful; mighty 4. hero

Ex: ～高　～刚　～观　～伟　竞～　健～　亮～
　　　Gāo　Gāng　Guān　Wěi　Jìng　Jiàn　Liàng

修 **Xiū** 1. cultivate one's moral character 2. accomplishment; training; mastery

Ex: ～权 ～志 ～心 ～身 ～林 ～梧 ～雄
Quán Zhì Xīn Shēn Lín Wú Xióng

秀 F **Xiù** 1. beautiful; handsome; pretty; graceful; elegant; delicate 2. excellent; first-rate

Ex: ～娴 ～慧 ～虞 ～常 ～琪 ～彬 ～庄
Xián Huì Yú Cháng Qí Bīn Zhuāng

胥 M **Xū** all; each and every

Ex: ～全 ～成 ～果 ～庆 ～宽 ～琨 ～业
Quán Chéng Guǒ Qìng Kuān Kūn Yè

虚 **Xū** 1. void; emptiness 2. have a mind as open as a valley; be very modest; be extremely open-minded

Ex: ～白 ～清 ～怀 ～然 ～之 ～心 ～勤
Bái Qīng Huái Rán Zhī Xīn Qín

徐 **Xú** slowly; gently

Ex: ～风 ～来 ～清 ～香 ～兰 ～莲 ～秀
Fēng Lái Qīng Xiāng Lán Lián Xiù

许 **Xǔ** 1. praise; commend 2. promise; permit

Ex: ～远 ～源 ～泰 ～福 ～愉 ～豫 ～庆
Yuǎn Yuán Tài Fú Yú Yú Qìng

旭 M **Xù** brilliance of the rising sun

Ex: ～阳 ～照 ～光 ～暖 ～华 ～红 ～耀
Yáng Zhào Guāng Nuǎn Huá Hóng Yào

绪 **Xù** 1. order in sequence or arrangement 2. main lines

Ex: ～成 ～立 ～美 ～志 ～达 启～ 开～
Chéng Lì Měi Zhì Dá Qǐ Kāi

120

续 Xù	1. continuous; successive 2. extend						
Ex:	～志	～学	～成	～业	～勋	～萱	～添
	Zhì	Xué	Chéng	Yè	Xūn	Xuān	Tiān

煦 Xù	warm; balmy						
Ex:	～春	～丽	～辉	～晖	～亮	～光	～灿
	Chūn	Lì	Huī	Huī	Liàng	Guāng	Càn

轩 M Xuān	1. high; lofty 2. dignified; imposing						
Ex:	～梧	～雄	～志	～高	～扬	～伟	～飞
	Wú	Xióng	Zhì	Gāo	Yáng	Wěi	Fēi
	～达	～如	～豪	～才	昂～	安～	立～
	Dá	Rú	Háo	Cái	Áng	Ān	Lì

宣 Xuān	declare; announce						
Ex:	～志	～展	～耀	～华	～青	～兴	～斐
	Zhì	Zhǎn	Yào	Huá	Qīng	Xīng	Fěi

玄 Xuán	mysterious; abstruse						
Ex:	～禹	～苑	～秀	～庄	～岱	～昌	～杰
	Yǔ	Yuàn	Xiù	Zhuāng	Dài	Chāng	Jié

旋 Xuán	1. revolve; spin 2. return in triumph						
Ex:	惠～	全～	大～	耀～	韶～	华～	殊～
	Huì	Quán	Dà	Yào	Sháo	Huá	Shū

选 Xuǎn	1. select; choose 2. elect						
Ex:	～能	～才	～学	～祚	～菁	～竣	～浩
	Néng	Cái	Xué	Zuò	Jīng	Jùn	Hào

绚 Xuàn	gorgeous; splendid; magnificent						
Ex:	家～	光～	翌～	广～	标～	超～	瑞～
	Jiā	Guāng	Yì	Guǎng	Biāo	Chāo	Ruì

学 Xué
1. study; learn 2. knowledge; scholar

Ex:

～华	～文	～勤	～谦	～笈	～奘	～宥
Huá	Wén	Qín	Qiān	Jí	Zàng	Yòu

雪 Xuě
1. snow 2. bright as snow; pure as snow

Ex:

～轩	～梅	～莉	～明	～颖	～瑞	～英
Xuān	Meí	Lì	Míng	Yǐng	Ruì	Yīng

勋 Xūn
1. meritorious 2. merit; achievement; contribution

Ex:

家～	继～	绍～	维～	永～	奂～	志～
Jiā	Jì	Shào	Wéi	Yǒng	Huàn	Zhì

循 Xún
follow; abide by

Ex:

～初	～善	～达	～稼	～靖	～忠	～基
Chū	Shàn	Dá	Jià	Jìng	Zhōng	Jī

训 Xùn
1. teach; lecture 2. standard; model; example

Ex:

奉～	庭～	宗～	循～	从～	荐～	知～
Fèng	Tíng	Zōng	Xún	Cóng	Jiàn	Zhī

迅 Xùn
fast; rapid; swift; speedy

Ex:

～荪	～发	～隆	～鸿	～克	～生	～利
Sūn	Fā	Lóng	Hóng	Kè	Shēng	Lì

～江	～果	～诤	～葆	～文	～培	～明
Jiāng	Guǒ	Zhèng	Bǎo	Wén	Péi	Míng

雅 F **Yǎ** 1. standard; proper; correct 2. refined; elegant

Ex:

~文	~英	~娟	~珺	~琪	~苓	~洛
Wén	Yīng	Juān	Jùn	Qí	Líng	Luò

亚 **Yà** 1. second 2. Asia

Ex:

~平	~成	~台	~湘	~欣	~津	~玫
Píng	Chéng	Tái	Xiāng	Xīn	Jīn	Méi

殷 **Yān** blackish red

Ex:

~粟	~实	~硕	~谷	~芒	~秀	~良
Sù	Shí	Shuò	Gǔ	Máng	Xiù	Liáng

嫣 F **Yān** handsome; beautiful; bright red

Ex:

~红	~莞	~容	~愉	~朗	~颜	~飞
Hóng	Wǎn	Róng	Yú	Lǎng	Yán	Fēi

延 **Yán** prolong; extend; protract; spread; continue

Ex:

~平	~柱	~甫	~祥	~展	~雄	~亘
Píng	Zhù	Fǔ	Xiáng	Zhǎn	Xióng	Gèn

言 **Yán** speech; word

Ex:

~行	~忠	~良	~信	~隽	~永	~侃
Xíng	Zhōng	Liáng	Xìn	Jùn	Yǒng	Kǎn

严 **Yán** strict; severe

Ex:

~真	~度	~奕	~燮	~韦	~捷	~泰
Zhēn	Dù	Yì	Xiè	Wěi	Jié	Tài

妍 _F **Yán**   beautiful

Ex:

蓉～	锦～	盼～	钏～	翠～	玉～	眉～
Róng	Jǐn	Pàn	Chuàn	Cuì	Yù	Méi

炎 _M **Yán**   scorching; blazing

Ex:

太～	秉～	丕～	集～	兹～	翱～	通～
Tài	Bǐng	Pī	Jí	Zī	Áo	Tōng

岩 **Yán**   rock

Ex:

红～	山～	高～	巍～	刚～	德～	峻～
Hóng	Shān	Gāo	Wēi	Gāng	Dé	Jùn

研 **Yán**   study; research

Ex:

～知	～玄	～恒	～则	～伦	～礼	～文
Zhī	Xuán	Héng	Zé	Lún	Lǐ	Wén

颜 _F **Yán**   1. face 2. colour

Ex:

～开	～悦	～愉	～和	～莞	～朗	～蓉
Kāi	Yuè	Yú	Hé	Wǎn	Lǎng	Róng

演 **Yǎn**   develop; evolve; perform; act

Ex:

～孙	～云	～美	～循	～德	～列	～能
Sūn	Yún	Měi	Xún	Dé	Liè	Néng

彦 **Yàn**   a man of virtue and ability

Ex:

文～	～真	～士	～宏	～先	～夏	～方
Wén	Zhēn	Shì	Hóng	Xiān	Xià	Fāng

彬～	敬～	承～	知～	俊～	昌～	伟～
Bīn	Jìng	Chéng	Zhī	Jùn	Chāng	Wěi

晏 **Yàn**   ease and comfort

Ex:

～婉	～姗	～安	～枝	～思	～威	～扬
Wǎn	Shān	Ān	Zhī	Sī	Wēi	Yáng

124

艳 F **Yàn** bright-coloured and beautiful; gorgeous

Ex: ～倩 ～珠 ～缨 ～珊 曼～ 冰～ 喜～
　　　 Qiàn　Zhū　Yīng　Shān　Màn　Bīng　Xǐ

焰 M **Yàn** flame; blaze

Ex: 如～ 光～ 慧～ 新～ 红～ 明～ 乃～
　　　 Rú　 Guāng　Huì　Xīn　Hóng　Míng　Nǎi

雁 **Yàn** wild goose

Ex: 秋～ 群～ 美～ 沙～ ～飞 ～鸣 ～声
　　　 Qiū　Qún　Měi　Shā　Fēi　Míng　Shēng

燕 F **Yàn** swallow

Ex: ～翔 ～琬 ～淳 豫～ 乐～ 飞～ 羽～
　　　 Xiáng　Wǎn　Chún　Yù　 Lè　 Fēi　Yǔ

阳 M **Yáng** 1. the sun 2. the masculine or positive principle in nature

Ex: 晓～ 旭～ 紫～ 东～ 耀～ 丽～ 艳～
　　　 Xiǎo　Xù　 Zǐ　 Dōng　Yào　Lì　 Yàn

扬 **Yáng** 1. raise 2. spread; make known

Ex: ～华 ～彦 ～昭 ～汉 ～夏 ～岱 ～邵
　　　 Huá　Yàn　Zhāo　Hàn　Xià　Dài　Shào

洋 **Yáng** 1. vast 2. ocean

Ex: 汪～ 广～ 洪～ 立～ 盛～ 伟～ 远～
　　　 Wāng　Guǎng　Hóng　Lì　 Shèng　Wěi　Yuǎn

仰 **Yǎng** 1. face upward 2. admire; respect; look up

Ex: ～成 ～光 ～安 ～仲 ～茂 ～世 ～基
　　　 Chéng　Guāng　Ān　 Zhòng　Mào　Shì　Jī

养 Yǎng   1. support; provide for 2. raise; keep; grow

Ex: ～心   ～锐   ～知   ～生   ～优   ～士   ～丰
     Xīn   Ruì   Zhī   Shēng   Yōu   Shì   Fēng

尧 Yáo   a legendary monarch in ancient China

Ex: 顺～   继～   奉～   敬～   ～政   ～英   ～民
     Shùn   Jì   Fèng   Jìng   Zhèng   Yīng   Mín

     ～卿   ～敏   ～士   ～晖   ～乐   ～圣   ～宗
     Qīng   Mǐn   Shì   Huī   Lè   Shèng   Zōng

遥 Yáo   distant; remote; far away

Ex: ～岳   ～原   ～芫   ～拓   ～图   ～飞   ～骏
     Yuè   Yuán   Yuán   Tuò   Tú   Fēi   Jùn

窈 F Yǎo   (of a woman) gentle and graceful

Ex: ～洋   ～娉   ～嫱   ～倩   ～秀   ～荷   ～曼
     Yáng   Pīng   Qiáng   Qiàn   Xiù   Hé   Màn

耀 M Yào   1. shine; illuminate; dazzle 2. honour; credit

Ex: 光～   祖～   景～   ～邦   ～伦   ～汉   ～华
     Guāng   Zǔ   Jǐng   Bāng   Lún   Hàn   Huá

野 Yě   open country

Ex: ～峰   ～鹤   ～骢   ～峻   ～蒲   ～芒   ～芳
     Fēng   Hè   Cōng   Jùn   Pú   Máng   Fāng

业 Yè   occupation; professional work

Ex: ～霖   ～友   ～千   ～宏   鸿～   兴～   成～
     Lín   Yǒu   Qiān   Hóng   Hóng   Xīng   Chéng

叶 Yè   leaf

Ex: ～青   ～群   ～萱   ～茂   ～蓊   ～雯   ～蔚
     Qīng   Qún   Xuān   Mào   Wěng   Wén   Wèi

一 Yī
1. one 2. whole; all; throughout

Ex:
定~	南~	~意	~平	~心	~志	~雄
Dìng	Nán	Yì	Píng	Xīn	Zhì	Xióng

仪 F Yí
appearance; bearing; looks

Ex:
~容	~丰	~粲	~华	~耀	乐~	慕~
Róng	Fēng	Càn	Huá	Yào	Lè	Mù

夷 Yí
smooth; safe

Ex:
~光	~瑗	~思	~薇	~辛	~欣	~苓
Guāng	Yuàn	Sī	Wēi	Xīn	Xīn	Líng

宜 Yí
suitable; appropriate; fitting; pleasant; delightful

Ex:
~人	~悦	~芯	~苑	~珍	~茵	恒~
Rén	Yuè	Xīn	Wǎn	Zhēn	Yīn	Héng

怡 F Yí
happy; joyful; cheerful; contented

Ex:
~如	~蓉	~颜	~宛	~真	甘~	恬~
Rú	Róng	Yán	Wǎn	Zhēn	Gān	Tián

颐 Yí
1. check 2. keep fit; take care of oneself

Ex:
~和	~莞	~庄	~春	~顺	微~	婉~
Hé	Wǎn	Zhuāng	Chūn	Shùn	Wēi	Wǎn

以 Yǐ
1. use; take 2. according to 3. because 4. in order to

Ex:
~成	~天	~嵩	~粟	~勤	~霖	~亮
Chéng	Tiān	Sōng	Sù	Qín	Lín	Liàng

旖 F Yǐ
charming and gentle

Ex:
~丽	~和	~松	~莲	~棣	君~	素~
Lì	Hé	Sōng	Lián	Dì	Jūn	Sù

义 Yì	1. justice; righteousness 2. human ties; relationship 3. meaning; significance						
Ex:	~真	~举	~封	~公	~博	~成	方~
	Zhēn	Jǔ	Fēng	Gōng	Bó	Chéng	Fāng

忆 Yì	recall; recollect						
Ex:	~华	~民	~贤	~群	~源	~哲	~亮
	Huá	Mín	Xián	Qún	Yuán	Zhé	Liàng

艺 Yì	1. skill 2. art						
Ex:	~才	~人	~心	~达	~炽	多~	昌~
	Cái	Rén	Xīn	Dá	Chì	Duō	Chāng

异 Yì	1. different 2. surprise						
Ex:	~才	~驹	~操	~珣	~宽	~怀	~英
	Cái	Jū	Cāo	Xún	Kuān	Huái	Yīng

诣 Yì	academic or technical attainments						
Ex:	~堂	渊~	威~	灵~	思~	曼~	盛~
	Táng	Yuān	Wēi	Líng	Sī	Màn	Shèng

易 Yì	1. easy 2. amiable						
Ex:	~润	~学	~工	~立	~耀	~为	~衡
	Rùn	Xué	Gōng	Lì	Yào	Wéi	Héng

奕 Yì	glowing with health and radiating vitality						
Ex:	~诚	~真	~良	~峤	~尚	~贤	~师
	Chéng	Zhēn	Liáng	Qiáo	Shàng	Xián	Shī

益 Yì	1. benefit; profit; advantage 2. all the more; increase						
Ex:	~文	~礼	~伦	~励	~武	~增	~显
	Wén	Lǐ	Lún	Lì	Wǔ	Zēng	Xiǎn

谊 Yì — friendship

Ex:

~和	~民	~宣	~源	~慕	~曜	~藻
Hé	Mín	Xuān	Yuán	Mù	Yào	Zǎo

逸 Yì — comfort and pleasure

Ex:

~少	~民	~美	趣~	尚~	超~	希~
Shào	Mín	Měi	Qù	Shàng	Chāo	Xī

溢 Yì — 1. overflow; spill 2. excessive; 3. compliment

Ex:

~华	~福	~祚	~询	~善	~仁	~德
Huá	Fú	Zuò	Xún	Shàn	Rén	Dé

意 Yì — 1. meaning; idea 2. suggestion; hint; trace

Ex:

~石	~信	~骇	~邃	~达	德~	懿~
Shí	Xìn	Hài	Suì	Dá	Dé	Yì

毅 Yì — 1. firm; resolute 2. fortitude; willpower

Ex:

万~	培~	桢~	厚~	成~	立~	~辉
Wàn	Péi	Zhēn	Hòu	Chéng	Lì	Huī

~果	~贵	~君	~威	~欣	~力	~全
Guǒ	Guì	Jūn	Wēi	Xin	Lì	Quán

翼 Yì — 1. the wing of a bird 2. assist

Ex:

展~	遂~	扬~	巡~	飞~	鹏~	~成
Zhǎn	Suì	Yáng	Xún	Fēi	Péng	Chéng

音 Yīn — musical sound

Ex:

~飞	~婉	~愉	~彬	~恬	~玲	~芸
Fēi	Wǎn	Yú	Bīn	Tián	Líng	Yún

茵 (F) Yīn — a carpet of green grass

Ex:

~梦	~宛	~湖	~燕	~豫	青~	幼~
Mèng	Wǎn	Hú	Yàn	Yù	Qīng	Yòu

荫	Yìn	shade					
	Ex:	～培	～泽	～成	～佑	～广	～厦	～安
		Péi	Zé	Chéng	Yòu	Guǎng	Xià	Ān

殷	Yīn	1. ardent; eager 2. well-off; substantial					
	Ex:	～实	～果	～河	～硕	～蔚	～蓉	～祺
		Shí	Guǒ	Hé	Shuò	Wèi	Róng	Qí

寅	Yín	the period of the day from 3 a.m. to 5 a.m.					
	Ex:	～佐	～逸	～欧	～勇	～雍	～异	～威
		Zuǒ	Yì	Ōu	Yǒng	Yōng	Yì	Wēi

银	Yín	1. silver 2. relating to currency or money					
	Ex:	雅～	～燕	～飞	～辉	～波	～河	～月
		Yǎ	Yàn	Fēi	Huī	Bō	Hé	Yuè

隐	Yǐn	hidden from view; concealed					
	Ex:	～成	～民	～锐	～炫	～吾	～我	～知
		Chéng	Mín	Ruì	Xuàn	Wú	Wǒ	Zhī

印	Yìn	seal; stamp; print; engrave					
	Ex:	～仁	～亨	～辅	～逢	～保	～伯	～厚
		Rén	Hēng	Fǔ	Féng	Bǎo	Bó	Hòu

应	Yīng	1. answer; respond 2. agree; promise 3. should; ought					
	Ex:	～和	～宪	～贤	～喜	～滨	～屏	～霏
		Hé	Xiàn	Xián	Xǐ	Bīn	Píng	Fēi

英	Yīng	1. flower 2. hero 3. wise; brilliant					
	Ex:	～飒	～华	～玉	～本	～禹	～才	～冈
		Sà	Huá	Yù	Běn	Yǔ	Cái	Gāng

莺 F	**Yīng**	warbler; oriole					
	Ex:	飞～ Fēi	春～ Chūn	鸣～ Míng	彩～ Cǎi	玉～ Yù	翠～ Cuì	妙～ Miào
		晓～ Xiǎo	文～ Wén	柳～ Liǔ	君～ Jūn	～飞 Fēi	～至 Zhì	～泉 Quán

樱 F	**Yīng**	cherry					
	Ex:	浣～ Huàn	沅～ Yuán	春～ Chūn	漱～ Shù	白～ Bái	华～ Huá	嫣～ Yān

膺	**Yīng**	1. breast 2. bear; receive					
	Ex:	～荣 Róng	～承 Chén	～任 Rèn	～义 Yì	～表 Biǎo	～和 Hé	～泉 Quán

鹰	**Yīng**	hawk; eagle					
	Ex:	～展 Zhǎn	～飞 Fēi	～翔 Xiáng	吉～ Jí	雄～ Xióng	刚～ Gāng	金～ Jīn

迎 F	**Yíng**	welcome; receive; facing					
	Ex:	～紫 Zǐ	～春 Chūn	～莞 Wǎn	～锦 Jǐn	～玉 Yù	～黛 Dài	～芳 Fāng

盈	**Yíng**	surplus; profit; be full of					
	Ex:	～莞 Wǎn	～朗 Lǎng	～满 Mǎn	～月 Yuè	～知 Zhī	～飞 Fēi	～容 Róng

莹 F	**Yíng**	1. jade 2. lustrous and transparent like stone					
	Ex:	～洁 Jié	～光 Guāng	～玉 Yù	～辉 Huī	～苔 Tái	晶～ Jīng	通～ Tōng

滢	**Yíng**	crystal clear					
	Ex:	～瑜 Yú	～清 Qīng	～明 Míng	～珣 Xún	琳～ Lín	思～ Sī	中～ Zhōng

颖 **Yǐng** clever; bright; intelligent

Ex:

宗~	思~	少~	仲~	世~	文~	~光
Zōng	Sī	Shào	Zhòng	Shì	Wén	Guāng

~聪	~玲	~达	~通	~之	~淇	~丽
Cōng	Líng	Dá	Tōng	Zhī	Qí	Lì

映 **Yìng** reflect; shine

Ex:

~真	~红	~霞	~华	~蓉	~月	~晖
Zhēn	Hóng	Xiá	Huá	Róng	Yuè	Huī

庸 **Yōng** mediocre

Ex:

仁~	肇~	颐~	弘~	祺~	~平	~恒
Rén	Zhào	Yí	Hóng	Qí	Píng	Héng

雍 **Yōng** elegant and poised

Ex:

元~	和~	祥~	庆~	~政	~煌	~容
Yuán	Hé	Xiáng	Qìng	Zhèng	Huáng	Róng

永 **Yǒng** perpetually; forever; always

Ex:

~康	~智	~年	~龄	~真	~卓	~超
Kāng	Zhì	Nián	Líng	Zhēn	Zhuō	Chāo

勇 M **Yǒng** brave; valiant; courageous

Ex:

~元	~宁	~成	~正	~刚	~达	~伦
Yuán	Níng	Chéng	Zhèng	Gāng	Dá	Lún

优 **Yōu** excellent; high-class; first-rate; outstanding

Ex:

~雅	~生	~为	~先	~异	~越	~良
Yǎ	Shēng	Wéi	Xiān	Yì	Yuè	Liáng

友 **Yǒu** friend

Ex:

~悦	~仁	~谅	~闻	~雯	~恕	~容
Yuè	Rén	Liàng	Wén	Wén	Shù	Róng

有 Yǒu have; possess

Ex: ~成 Chéng ~节 Jié ~台 Tái ~度 Dù ~序 Xù ~泰 Tài ~宁 Níng

幼 Yòu young; immature; naive

Ex: ~春 Chūn ~简 Jiǎn ~安 Ān ~常 Cháng ~光 Guāng ~起 Qǐ ~平 Píng

右 Yòu the right; the right side

Ex: ~和 Hé ~燮 Xiè ~玄 Xuán ~静 Jìng ~侃 Kǎn ~望 Wàng ~充 Chōng

余 Yú surplus; remaining; enough and to spare

Ex: ~宗 Zōng ~俭 Jiǎn ~化 Huà ~才 Cái ~直 Zhí ~修 Xiū ~伟 Wěi

愉 Yú pleased; happy; joyful; cheerful; delighted

Ex: ~景 Jǐng ~心 Xīn ~志 Zhì ~夏 Xià ~亮 Liàng ~劭 Shào ~源 Yuán

~膺 Yīng ~礼 Lǐ 元~ Yuán 梦~ Mèng 怀~ Huái 粲~ Càn 如~ Rú

瑜 Yú fine jade

Ex: 皓~ Hào 君~ Jūn 韦~ Wěi 文~ Wén 绪~ Xù 延~ Yán ~宾 Bīn

宇 Yǔ space; universe; world; cosmos

Ex: ~生 Shēng ~平 Píng ~盛 Shèng ~天 Tiān ~田 Tián ~沃 Wò ~原 Yuán

羽 Yǔ feather

Ex: ~丰 Fēng ~润 Rùn ~华 Huá ~满 Mǎn ~成 Chéng ~佑 Yòu 展~ Zhǎn

雨 **Yǔ** rain

Ex: ~村 ~花 ~萍 ~岱 ~润 ~霁 甘~
Cūn Huā Píng Dài Rùn Jì Gān

禹 **Yǔ** the reputed founder of the Xia Dynasty

Ex: 承~ 慕~ 望~ 钦~ 继~ 英~ 敬~
Chéng Mù Wàng Qīn Jì Yīng Jìng

玉 **Yù** 1. jade 2. pure; fair 3. handsome; beautiful

Ex: ~成 ~石 ~禅 ~苗 ~玺 晚~ 赛~
Chéng Shí Shàn Miáo Xǐ Wǎn Sài

郁 **Yù** strongly fragrant

Ex: ~浓 ~香 ~瑞 ~乡 ~芗 飒~ 洒~
Nóng Xiāng Ruì Xiāng Xiāng Sà Sǎ

域 **Yù** 1. land within certain boundaries; territory; region
2. field

Ex: 正~ 望~ 祥~ 康~ 方~ 椿~ 庆~
Zhèng Wàng Xiáng Kāng Fāng Chūn Qìng

裕 **Yù** abundant; plentiful

Ex: ~之 ~胜 ~延 ~春 ~舒 ~华 长~
Zhī Shèng Yán Chūn Shū Huá Cháng

誉 **Yù** reputation; fame

Ex: 美~ 高~ 斌~ 立~ 隆~ 贺~ 德~
Měi Gāo Bīn Lì Lóng Hè Dé

渊 **Yuān** 1. broad and profound 2. deep; erudite

Ex: 知~ 博~ 慈~ 瑀~ 皓~ ~修 ~亮
Zhī Bó Cí Yǔ Hào Xiū Liàng

元	**Yuán**	1. first; primary 2. chief; principal 3. basic; fundamental

Ex:

~叔	~伯	~流	~礼	~才	~节	~伟
Shū	Bó	Liú	Lǐ	Cái	Jié	Wěi

原	**Yuán**	primary; original; former

Ex:

~立	~隽	~骏	~钧	~举	~昌	~盛
Lì	Jùn	Jùn	Jūn	Jǔ	Chāng	Shèng

圆	**Yuán**	1. round; circular 2. satisfactory

Ex:

~通	~全	~健	~壮	~朗	~隽	~润
Tōng	Quán	Jiàn	Zhuàng	Lǎng	Jùn	Rùn

源	**Yuán**	1. source; fountainhead 2. continuously

Ex:

金~	满~	霖~	亮~	良~	弥~	绵~
Jīn	Mǎn	Lín	Liàng	Liáng	Mí	Mián

缘	**Yuán**	1. reason 2. predestined relationship

Ex:

韶~	佳~	澍~	天~	恬~	丽~	广~
Sháo	Jiā	Shù	Tiān	Tián	Lì	Guǎng
永~	方~	玉~	长~	吉~	兆~	美~
Yǒng	Fāng	Yù	Cháng	Jí	Zhào	Měi

远	**Yuǎn**	far; distant; remote; long-range

Ex:

~才	~腾	~志	~图	~翔	~飞	~高
Cái	Téng	Zhì	Tú	Xiáng	Fēi	Gāo

愿	**Yuàn**	wish; desire; aspiration

Ex:

~鉴	~谏	~培	~沛	~世	~仁	~庶
Jiàn	Jiàn	Péi	Pèi	Shì	Rén	Shù

月	**Yuè**	the moon

Ex:

~飞	~盈	~华	巧~	明~	姣~	皓~
Fēi	Yíng	Huá	Qiǎo	Míng	Jiǎo	Hào

岳	**Yuè**	high mountain					
	Ex:	~安	~衡	~群	~恒	~贤	~廉	~文
		Ān	Héng	Qún	Héng	Xián	Lián	Wén

悦	**Yuè**	happy; pleased; delighted					
	Ex:	诚~	笃~	可~	长~	~灵	~明	~敏
		Chéng	Dǔ	Kě	Cháng	Líng	Míng	Mǐn
		~英	~兰	~新	~人	~君	~对	~群
		Yīng	Lán	Xīn	Rén	Jūn	Shí	Qún

越	**Yuè**	get over; exceed; overstep					
	Ex:	~山	~捷	~伟	~度	永~	英~	秉~
		Shān	Jié	Wěi	Dù	Yǒng	Yīng	Bǐng

云	**Yún**	cloud					
	Ex:	庆~	~康	~蕃	~绍	~良	~泰	~朗
		Qìng	Kāng	Fān	Shào	Liáng	Tài	Lǎng

芸	**Yún**	all living things; all mortal beings					
	Ex:	攻~	树~	济~	泽~	哲~	~莲	~菱
		Gōng	Shù	Jì	Zé	Zhé	Lián	Líng

耘	**Yún**	weed					
	Ex:	翌~	乐~	祥~	进~	笔~	思~	哲~
		Yì	Lè	Xiáng	Jìn	Bǐ	Sī	Zhé

允	**Yǔn**	1. permit; allow 2. fair; just					
	Ex:	~南	~志	~恭	~周	~诚	~信	~当
		Nán	Zhì	Gōng	Zhōu	Chéng	Xìn	Dāng

运	**Yùn**	1. motion; movement 2. fortune; luck; fate					
	Ex:	~雄	~华	~贤	~才	昌~	尧~	永~
		Xióng	Huá	Xián	Cái	Chāng	Yáo	Yǒng

Z

再	**Zài**	another time; again; once more

Ex:

~润	~谊	~奕	~坤	~炎	~铭	~祯
Rùn	Yì	Yì	Kūn	Yàn	Míng	Zhēn

在	**Zài**	exist; be living

Ex:

~卢	~谷	~中	~硕	~思	~荣	~勋
Lú	Gǔ	Zhōng	Shuò	Sī	Róng	Xūn

赞	**Zàn**	1. support; favour; assist; agree with 2. praise; commend

Ex:

宣~	绪~	启~	胥~	纪~	倪~	贺~
Xuān	Xù	Qǐ	Xū	Jì	Ní	Hè

则	**Zé**	standard; rule; regulation

Ex:

~平	~丹	~东	~本	~生	~同	~先
Píng	Dān	Dōng	Běn	Shēng	Tóng	Xiān

泽	**Zé**	1. moist 2. gloss; colour and lustre

Ex:

~玲	~惠	~霖	~明	~民	润~	永~
Líng	Huì	Lín	Míng	Mín	Rùn	Yǒng

dainty   *wisdom*   *people*   *smooth, sleek*   *forever*

责	**Zé**	1. duty; responsibility 2. demand; require

Ex:

~成	~宪	~笃	~操	~穆	~耘	~淦
Chéng	Xiàn	Dǔ	Cāo	Mù	Yún	Gàn

增	**Zēng**	increase; gain; add

Ex:

绥~	祥~	~黍	~祐	~辉	~甫	~裕
Suí	Xiáng	Shǔ	Yòu	Huī	Fǔ	Yù

展 Zhǎn spread the wings; get ready for flight; look into the distance

Ex: 文~　鸿~　鹏~　~雄　~志　~图　~怀
Wén　Hóng　Péng　Xióng　Zhì　Tú　Huái

章 M Zhāng 1. article; chapter; section 2. rule

Ex: 文~　玉~　翰~　明~　贤~　奕~　鸿~
Wén　Yù　Hàn　Míng　Xián　Yì　Hóng

璋 M Zhāng a jade tablet

Ex: 瑞~　端~　玄~　萱~　学~　智~　敏~
Ruì　Duān　Xuán　Xuān　Xué　Zhì　Mǐn

朝 Zhāo early morning; spirit; vigour

Ex: 熙~　辰~　思~　英~　建~　旭~　光~
Xī　Chén　Sī　Yīng　Jiàn　Xù　Guāng

昭 Zhāo clear; obvious

Ex: ~明　~扬　~洋　~煌　~昶　~永　~春
Míng　Yáng　Yáng　Huáng　Chǎng　Yǒng　Chūn

兆 Zhào 1. sign; omen; portent 2. billion

Ex: 瑞~　广~　德~　贺~　贵~　隆~　筠~
Ruì　Guǎng　Dé　Hè　Guì　Lóng　Yún

照 Zhào shine; light up; illuminate

Ex: 以~　高~　幸~　通~　凌~　~明　~晖
Yǐ　Gāo　Xìng　Tōng　Líng　Míng　Huī

肇 M Zhào start; commence; initiate

Ex: ~成　~昌　~祥　~福　~裕　~善　~良
Chéng　Chāng　Xiáng　Fú　Yù　Shàn　Liáng

哲 Zhé 1. wise 2. sage; philosopher

Ex: 俊～ 钦～ 乃～ 睿～ 闰～ ～民 ～之
Jùn Qīn Nǎi Ruì Rùn Mín Zhī

珍 Zhēn 1. treasure; precious; valuable; 2. love dearly

Ex: 宝～ 琦～ 晶～ 莹～ 华～ ～贝 ～慰
Bǎo Qí Jīng Yíng Huá Bèi Wèi

祯 Zhēn auspicious; propitious

Ex: ～祥 ～琳 泰～ 惠～ 鸿～ 瑞～ 吉～
Xiáng Lín Tài Huì Hóng Ruì Jí

桢 Zhēn hardwood

Ex: 启～ 宜～ 贺～ 超～ 奇～ 博～ 春～
Qǐ Yí Hè Chāo Qí Bó Chūn

真 Zhēn true; real; genuine

Ex: 毓～ 赛～ 桂～ 蜀～ 又～ 嘉～ 珮～
Yù Sài Guì Shǔ Yòu Jiā Pèi

～荣 ～如 ～元 ～奕 ～绮 ～萱 ～知
Róng Rú Yuán Yì Qǐ Xuān Zhī

臻 Zhēn attain a high level

Ex: ～美 ～全 ～洋 ～广 ～绥 ～彦 ～鸿
Měi Quán Yáng Guǎng Suí Yàn Hóng

振 Zhèn rouse oneself; develop vigorously

Ex: ～翼 ～霄 ～球 ～宇 ～邦 ～声 ～扬
Yì Xiāo Qiú Yǔ Bāng Shēng Yáng

震 M Zhèn shake; shock; vibrate

Ex: 雷～ 光～ ～穹 ～黍 ～宇 ～寰 ～球
Léi Guāng Qióng Shǔ Yǔ Huán Qiú

139

镇 Zhèn calm; cool; show composure and presence

Ex: 国～　荣～　～涛　～城　～道　～宙　～刚
Guó　Róng　Tāo　Chéng　Dào　Zhòu　Gāng

正 Zhēng straight; upright; honest; aboveboard

Ex: 中～　衡～　～叔　～明　～南　～平　～礼
Zhōng　Héng　Shū　Míng　Nán　Píng　Lǐ

铮 Zhēng clank; clang

Ex: 又～　美～　婉～　琦～　华～　铭～　彬～
Yòu　Měi　Wǎn　Qí　Huá　Míng　Bīn

政 Zhèng politics

Ex: ～和　～广　～遂　～昌　～顺　～明　～绥
Hé　Guǎng　Suì　Chāng　Shùn　Míng　Suí

之 Zhī a substitute for 'person' or 'thing' and used in the objective case

Ex: 然～　蔓～　慕～　悦～　翔～　佩～　仰～
Rán　Màn　Mù　Yuè　Xiáng　Pèi　Yǎng

芝 F Zhī irises and orchids

Ex: ～兰　～芳　～蕙　～华　荃～　琼～　景～
Lán　Fāng　Huì　Huá　Quán　Qióng　Jǐng

知 Zhī 1. know; realize; be aware of 2. knowledge

Ex: ～慎　～彬　～勉　～恩　～训　～悟　～省
Shèn　Bīn　Miǎn　Ēn　Xùn　Wù　Xǐng

直 Zhí 1. straight; vertical 2. just; upright 3. frank; straightforward

Ex: 述～　正～　挺～　～峰　～广　～中　～理
Shù　Zhèng　Tǐng　Fēng　Guǎng　Zhōng　Lǐ

志 Zhì   1. will; aspiration; ideal 2. keep in mind

Ex: 壮~ 遂~ ~铄 ~文 ~明 ~炜 ~侠
Zhuàng Suì Shuò Wén Míng Wěi Xiá

治 Zhì   rule; govern; administer; manage

Ex: ~中 ~华 ~汉 ~棠 ~蜀 文~ 长~
Zhōng Huá Hàn Táng Shǔ Wén Cháng

质 Zhì   nature; charactar

Ex: ~重 ~仲 ~承 ~甫 ~坚 ~昌 ~康
Zhòng Zhòng Chéng Fǔ Jiān Chāng Kāng

致 Zhì   send; extend; deliver

Ex: ~中 ~宾 ~嘉 ~浩 ~棠 ~轩 ~舫
Zhōng Bīn Jiā Hào Táng Xuān Fǎng

挚 Zhì   sincere; earnest

Ex: ~迪 ~诚 ~淳 ~亮 ~昭 ~宽 ~奕
Dí Chéng Chún Liàng Zhāo Kuān Yì

~殷 ~真 ~宜 长~ 晴~ 永~ 友~
Yīn Zhēn Yí Cháng Qíng Yǒng Yǒu

智 Zhì   wisdom; intelligence

Ex: ~瑜 ~喜 ~衡 ~恒 ~泉 ~洪 ~亮
Yú Xǐ Héng Héng Quán Hóng Liàng

稚 Zhì   1. child 2. childish; young

Ex: ~瑛 ~游 ~珪 ~通 ~卿 ~川 ~裴
Yīng Yóu Guī Tōng Qīng Chuān Péi

中 Zhōng   1. centre; middle 2. China

Ex: 思~ 识~ ~令 ~初 ~曼 ~茂 ~巨
Sī Shí Lìng Chū Màn Mào Jù

忠 *Zhōng* loyal; devoted; honest; faithful; true

Ex: 维~ 伟~ 威~ 世~ 永~ 长~ 玄~
Wéi Wěi Wēi Shì Yǒng Cháng Xuán

仲 *Zhòng* second in order of birth

Ex: ~明 ~宾 ~民 ~倩 ~彦 ~孔 ~景
Míng Bīn Mín Qiàn Yàn Kǒng Jǐng

重 *Zhòng* 1. weight 2. heavy; important; great; major

Ex: ~平 ~全 ~梧 ~志 ~知 ~则 ~实
Píng Quán Wú Zhì Zhī Zé Shí

舟 *Zhōu* boat

Ex: 仙~ 靖~ 顺~ 平~ 裕~ 方~ 晓~
Xiān Jìng Shùn Píng Yù Fāng Xiǎo

洲 *Zhōu* continent

Ex: 岚~ 荪~ 沙~ 韶~ 瑞~ 禄~ 绿~
Lán Sūn Shā Sháo Ruì Lù Lǜ

澍~ 雨~ 惠~ 逸~ 花~ 芳~ 东~
Shù Yǔ Huì Yì Huā Fāng Dōng

宙 *Zhòu* space; universe; world; cosmos

Ex: ~风 ~云 ~度 ~兹 震~ 振~ 镇~
Fēng Yún Dù Zī Zhèn Zhèn Zhèn

珠 F *Zhū* pearl; jewel

Ex: 丽~ 瑞~ 睿~ ~遂 ~心 ~慈 ~惠
Lì Ruì Ruì Suì Xīn Cí Huì

竹 *Zhú* bamboo

Ex: ~林 ~溪 ~青 ~坚 ~贞 ~芳 清~
Lín Xī Qīng Jiān Zhēn Fāng Qīng

主 **Zhǔ** 1. host 2. main; primary

Ex: ～壬 ～葵 ～夏 ～华 ～淳 ～涛 ～坚
　　　Rèn　Kuí　Xià　Huá　Chún　Tāo　Jiān

助 **Zhù** help; assist; aid

Ex: 福～ 天～ 立～ 友～ 连～ 力～ 善～
　　　Fú　Tiān　Lì　Yǒu　Lián　Lì　Shàn

祝 **Zhù** express good wishes; congratulate

Ex: ～恒 ～壮 ～善 ～钧 ～颂 ～杰 ～鸿
　　　Héng　Zhuàng　Shàn　Jūn　Sòng　Jié　Hóng

柱ₘ **Zhù** 1. post; pillar; column 2. upright

Ex: 国～ 家～ 宗～ 汉～ 鼎～ ～材 ～梁
　　　Guó　Jiā　Zōng　Hàn　Dǐng　Cái　Liáng

铸 **Zhù** casting; founding

Ex: ～宇 ～捷 ～功 ～勋 ～昌 ～孚 ～阜
　　　Yǔ　Jié　Gōng　Xūn　Chāng　Fú　Fù

专 **Zhuān** 1. focused on one thing; special; 2. expert

Ex: 学～ 咸～ 钧～ 秉～ 博～ 达～ 瑞～
　　　Xué　Xián　Jūn　Bǐng　Bó　Dá　Ruì

庄 **Zhuāng** 1. serious; grave 2. manor

Ex: 谐～ 素～ 寅～ 崇～ ～启 ～由 ～卿
　　　Xié　Sù　Yín　Chóng　Qǐ　Yóu　Qīng

　　　宇～ 伟～ 明～ 绍～ 坦～ 平～ 凌～
　　　Yǔ　Wěi　Míng　Shào　Tǎn　Píng　Líng

壮ₘ **Zhuàng** 1. strong; robust 2. grow in strength

Ex: ～云 ～田 ～理 ～羽 ～怀 ～容 ～思
　　　Yún　Tián　Lǐ　Yǔ　Huái　Róng　Sī

143

卓	Zhuō	1. tall and erect 2. stand upright 3. outstanding; brilliant						
	Ex:	～见	～凡	～常	～才	～智	～然	～之
		Jiàn	Fán	Cháng	Cái	Zhì	Rán	Zhī

灼	Zhuó	bright; luminous						
	Ex:	～知	～资	～明	～慧	～异	～奕	～辉
		Zhī	Zī	Míng	Huì	Yì	Yì	Huī

茁	Zhuó	healthy and strong						
	Ex:	～壮	～盛	～生	～茂	～葳	～萌	～荣
		Zhuāng	Shèng	Shēng	Mào	Wēi	Méng	Róng

孜	Zī	diligent; industrious; hardworking						
	Ex:	～勤	～玄	～贤	～祺	～裕	～杰	～进
		Qín	Xuán	Xián	Qí	Yù	Jié	Jìn

姿 F	Zī	looks; appearance						
	Ex:	静～	绰～	丰～	凤～	采～	玉～	美～
		Jìng	Chuò	Fēng	Fèng	Cǎi	Yù	Měi

资	Zī	endowment; natural ability						
	Ex:	～颖	～慧	～赋	～厚	～融	～亮	～芸
		Yǐng	Huì	Fù	Hòu	Róng	Liàng	Yún
		～约	～田	～瑜	～生	灼～	文～	可～
		Yuè	Tián	Yú	Shēng	Zhuó	Wén	Kě

紫	Zǐ	purple; violet						
	Ex:	～成	～全	～金	～壮	～阳	～霞	～东
		Chéng	Quán	Jīn	Zhuàng	Yáng	Xiá	Dōng

子	Zǐ	1. son; child 2. person; male person						
	Ex:	～中	～仲	～牙	～玉	～云	～余	～夏
		Zhōng	Zhòng	Yá	Yù	Yún	Yú	Xià

琢	**Zuó**	1. chisel; carve 2. improve; polish; refine
	Ex:	～玉　～思　～颖　～琪　～景　～器　～超
		Yù　　Sī　　Yǐng　Qí　　Jǐng　Qì　　Chāo

宗	**Zōng**	ancestor; model; principal aim
	Ex:	～文　～祥　～瑞　～棠　～麟　成～　鼎～
		Wén　Xiáng　Ruì　Táng　Líng　Chéng　Dǐng

棕	**Zōng**	palm
	Ex:	～美　～园　～盛　～华　～庆　茂～　丰～
		Měi　Yuán　Shèng　Huá　Qìng　Mào　Fēng

祖	**Zǔ**	the earliest ancestor
	Ex:	～尧　～康　～平　～继　～海　～源　～明
		Yáo　Kāng　Píng　Jì　　Hǎi　Yuán　Míng

左	**Zuǒ**	the left; the left side
	Ex:	～经　～武　～伟　～愚　～俊　～粹　～枢
		Jīng　Wǔ　　Wěi　Yú　　Jùn　Cuì　Shū

佐	**Zuǒ**	assist
	Ex:	～鸿　～寅　～进　～化　～友　～民　～同
		Hóng　Yín　Jìn　Huà　Yǒu　Mín　Tóng
		～夏　～任　～华　～扬　～廷　～惠　～望
		Xià　Rèn　Huá　Yáng　Tíng　Huì　Wàng

YOUR NAME
AND YOUR ANIMAL SIGN

In the western school of astrology the twelve animals or symbols correspond to the twelve constellations of the zodiac and each of these rules a period of roughly one month. In the Chinese system, too, there are twelve animals, but each is assigned to one complete year. The twelve animals in turn form a twelve-year cycle. The Chinese astrology which centres around the moon has a history dating as far back as the 16th century B.C.

According to a legend, when heaven and earth were first created, Buddha one day summoned all the animals to come before him but only twelve among the tens of thousands of species responded. As a reward for their obedience, Buddha named a year after each of the animals according to the order of their arrival and they formed the twelve animal signs which are also known as the twelve celestial stems.

The lineup of the animals and the years (from 1900 to 1995) they are assigned to are as follows:

Rat	1900	1912	1924	1936	1948	1960	1972	1984
Ox	1901	1913	1925	1937	1949	1961	1973	1985
Tiger	1902	1914	1926	1938	1950	1962	1974	1986
Hare	1903	1915	1927	1939	1951	1963	1975	1987
Dragon	1904	1916	1928	1940	1952	1964	1976	1988
Snake	1905	1917	1929	1941	1953	1965	1977	1989
Horse	1906	1918	1930	1942	1954	1966	1978	1990
Goat	1907	1919	1931	1943	1955	1967	1979	1991
Monkey	1908	1920	1932	1944	1956	1968	1980	1992
Cock	1909	1921	1933	1945	1957	1969	1981	1993
Dog	1910	1922	1934	1946	1958	1970	1982	1994
Pig	1911	1923	1935	1947	1959	1971	1983	1995

As each animal has its own characteristics, the Chinese believe that the animal influences the fate and personality of the person born in the year it is assigned to.

As such, a name, being so much a part of a person, should be chosen according to the characteristics of his animal sign. Names with certain radicals that are compatible with the person's basic qualities pertaining to his animal sign, are preferred.

Year of the Rat

A person born in the night in the Year of the Rat is bold and daring but if the birth takes place in the daytime, he is very timid like the rat which takes to hiding in the daytime. He is optimistic and open, liked by people and is willing to help. He is never discouraged no matter how difficult the situation is.

What should be the names for those born in the year of the Rat? The names should preferably have the radicals 人 (man), 入 (entry), 宀 (roof), 冖 (cover), for example, 合 He, 全 Quan, 今 Jin, 仑 Lun, 宇 Yu, 安 An, 宏 Hong, 实 Shi, 冠 Guan, 军 Jun, etc. because words with these radicals usually mean shelter and storage. This is for the Rat to hide itself. Words with the radicals 米 (rice), 豆 (beans), 鱼 (fish), 艹 (grass), 金 (gold), 木 (wood), 月 (moon), and 田 (field) are also suitable.

Year of the Ox

A person born in the day in the Year of the Ox is destined to toil and sweat for a living, but if born at night, he is destined to live in comfort. The reason is that when the Ox retires in the evening, he is given plenty of fodder and left to chew the cud leisurely. He is never defeated, believes in honour and is full of self-respect. He is someone who can do a lot of work. Before he plunges into action, he considers all the options.

Those born in the year of the Ox, should take names with the (water) radical, for example, 清 Qing, 济 Ji, 洁 Jie, 润 Run etc. because the Ox is most comfortable and happy in the water. Other suitable words are those with radicals like 米 (rice), 豆 (bean), 艹 (grass), 金 (gold), 玉 (jade), and 木 (wood).

Year of the Tiger

A person born in the Year of the Tiger is believed to be ferocious. He is even worse if he is born after dusk for it is then the animal leaves its den to prowl for its victims. He is fierce and strong, independent, and thinks highly of himself. He lives a life full of activities and is an eventual victor.

Those born in the year of the Tiger should take names with the radical 山 meaning mountain, for example, 岚 Lan, 岳 Yue, 岱 Dai, 岸 An, 岗 Gang, 岩 Yan, 峇 Ba, etc. because the tiger is the king of the mountain. Other words with the radicals 衤 (cloth), 金 (gold), 木 (wood), 氵 (water), 月 (moon), 犭 (animal) and 马 (horse) are also preferred.

Year of the Hare

A person born in the Year of the Hare is moderate in everything: He is neither too good nor too bad, neither too rich nor too poor, moderately talented, and belongs to the middle class. He is rather gentle, speaks well and never offends people. Therefore, he has many friends.

Those who are born in the Year of the Hare should choose a name that comes with the radical 月 (moon), for example, 朋 Peng, 能 Neng, 育 Yu, 肯 Ken, 鹏 Peng 朝 Chao, etc. It is because legend has it that there is a hare on the moon. In fact, the moon is symbolized by a jade hare. Other suitable words are those with radicals like 艹 (grass), 山 (mountain), 田 (field), 亻 (man), 禾 (grain), 木 (wood), 宀 (cover), 金 (gold), 白 (whiteness), 玉 (jade), 豆 (bean) and 犭 (animal).

Year of the Dragon

This is the most auspicious year. If a person is born in the Year of the Dragon, he has the world at his command – riches, luck, power, longevity and perhaps a harem. He is also a dreamer, but he is full of enthusiasm and energy in working towards a goal.

Those born in the Year of the Dragon should take names which have the radical 氵 (water), for example, 汪 Wang, 法 Fa, 泽 Ze, 波 Bo, 洋 Yang, 深 Shen because the dragon king is a god of water in China. It is also appropriate to take the radical 月 (moon) because it is believed that the dragon has the ability to rush upward to the sky. Words like 期 Qi, 朝 Chao, 膺 Ying, 胤 Yin, 朗 Lang, 胜 Sheng etc. are therefore suitable names. Those with radicals like 金 (gold), 玉 (jade), 白 (whiteness), 赤 (redness), 亻 (man), 鱼 (fish) and 酉 (wine) are considered compatible with the Dragon people, too.

Year of the Snake

The Year of the Snake is also auspicious because this reptile is usually associated with the Dragon. There were dragon and snake temples in China. Even in Penang, there is a Snake Temple. There are others who abhor the "Snake-Year" person as there is a Cantonese axiom that states: "A person with a snake-head and rat's eyes is treacherous."

A person born in this year has unusual talent and wisdom, a fighting spirit, and he never gives up. Therefore, Snake people are normally successful.

Snake people must try to get names with the radical 艹 (grass), such as 花 Hua, 茂 Mao, 苗 Miao, 共 Gong, 蔼 Ai, 蔓 Man, etc. because a snake hides itself among the grass which is the safest for this reptile. Other choices are words with the radicals 禾 (grain) and 田 (field), for example, 秀 Xiu, 和 He, 秉 Bing, 香 Xiang, 申 Shen, 备 Bei, 思 Si, 留 Liu, etc., because it is in the grain field that the snake finds its food. Words with the radicals 虫 (insect), 豆 (bean), 鱼 (fish), 酉 (wine), 木 (wood), 月 (moon), 土 (earth), 金 (gold) and 玉 (jade) are also appropriate for the Snake people.

Year of the Horse

A person born in the Year of the Horse is destined to a hard life, hustling here and bustling there. If the birth occurs at night, the person leads a more settled and comfortable life. He is broad-minded and easy to get along with. But his shortcoming is that he lacks perseverance. He does not keep secrets and has a tendency to be irresponsible.

Those born in the Year of the Horse should take names with the 艹 (grass) or 禾 (grain) radicals for these make up the main diet for the horse, for example, 芳 Fang, 芸 Yun, 艺 Yi, 英 Ying, 季 Ji, 秋 Qiu, 颖 Ying, 穗 Sui, etc. Also often chosen are names with the radicals 木 (wood), 玉 (jade), 虫 (insect), 豆 (bean), 米 (rice), 亻 (man), 月 (moon), 土 (earth) and 才 (ability).

Year of the Goat

A person born in the Year of the Goat is good-natured. He is an ideal companion in the conjugal life. The goat is the emblem of a peaceful retiring life in old age, while the kid is the symbol of filial love, for it kneels in veneration when taking its mother's milk. A Goat person has self-motivation and is fond of social life. He is patient and has an elegant appearance.

The Goat people should adopt names which have 禾 (grain) and ⺍ (grass) radicals such as 蓉 Rong, 莲 Lian, 苹 Ping, 菊 Ju, 稷 Ji, 秦 Qin, 科 Ke, 程 Cheng etc. because grain and grass are obviously the staple food of goats. Names with the radicals 金 (gold), 白 (whiteness), 玉 (jade), 月 (moon), 田 (field), 豆 (bean), 米 (rice), 马 (horse), 木 (wood), 亻 (man) and 鱼 (fish) may be considered too.

Year of the Monkey

A person born in the Year of the Monkey is fickle-minded and very often easily irritated. He is mischievous, cunning and highly susceptible to flattery. He has leadership qualities. His ability is seen by all and attracts attention. He is healthy, bright but dishonest.

Monkey people should take names which have a 木 (tree) radical because a monkey hides itself amidst the woods, e.g. 林 Lin, 果 Guo, 栋 Dong, 杰 Jie, etc. Other names with radicals like 禾 (grain), 豆 (bean), 米 (rice), 氵 (water), 田 (field), 亻 (man), 山 (mountain), 月 (moon) and 金 (gold) are also appropriate.

Year of the Cock

A person born in the daytime in the Year of the Cock is proud, reassuring and full of confidence. A person born at night, the time for roosting, is tame and submissive, and is liable to be browbeaten. He is a systematic worker, enthusiastic and thorough. He is tactful towards others and is fond of dressing himself up. He would make a good prophet.

Those born in the Year of the Cock should adopt names with the radicals 米 (rice), 豆 (bean) and 虫 (insect) for these are the favourite food of the cock. They are: 粟 Su, 粹 Cui, 精 Jing, 粤 Yue, 登 Deng, 竖 Shu, 禹 Yu, 融 Rong, etc. Recommended are other names with radicals like 木 (wood), 禾 (grain), 金 (jade), 田 (field), 月 (moon), 入 (entry), 宀 (cover), 山 (mountain), 日 (sun) and 钅 (gold).

Year of the Dog

A person born at night in the Year of the Dog is destined to sweat and slog like the poor dog keeping night watches whilst others are in sweet slumber. But a person born in the day is fairly well provided for. He is loyal, clever and intuitive, and often does extraordinary things.

Those born in the Year of the Dog should choose names with the radical 亻 (man), for example, 华 Hua, 伟 Wei, 仲 Zhong, 伦 Lun, 仁 Ren, 作 Zuo, etc., because the dog is man's best friend. When they are together, both parties feel safe and they like each other's company. Other appropriate names are those with the radicals 入 (entry), 宀 (cover), 马 (horse), 鱼 (fish), 豆 (bean), 米 (rice), 金 (gold), 玉 (jade), 艹 (grass), 田 (field), 木 (wood), 禾 (grain), 月 (moon) and 氵 (water).

Year of the Pig

A person born in the Year of the Pig is a spendthrift, for he eats too much. He is devoid of intelligence and spends more than he earns. Like the "Pig Spirit" in the famous Chinese novel entitled *The Western Journey,* he is lustful and easily tempted by the fair sex. Yet he is confident, and does 'what he believes is right. He is slightly selfish but has leadership qualities.

Pig people are advised to choose names with radicals like 米 (rice), 艹 (grass) and 豆 (bean), for example, 类 Lei, 精 Jing, 粹 Cui, 粉 Fen, 藩 Fan, 蕾 Lei, 菁 Jing, etc., as these are food for the pig. Other characters with the radicals 鱼 (fish), 氵 (water), 金 (gold), 玉 (jade), 月 (moon), 木 (wood), 亻 (man), 山 (mountain), 土 (earth) are also preferred.

The above notes are based on Chinese records on astrology. Since historical times, Man has been awed by the ever-moving constellations that produce certain order and regularity as can be seen in the movement of the wind and clouds, the flow and ebb of the tides. Is there any scientific basis to explain the relations between the lunar animal signs and the Chinese names? This is for the reader to find out for himself.

CHINESE EQUIVALENTS
of
ENGLISH NAMES

AaronM	安荣 Ān Róng	安禄 Ān Lù	亚伦 Yà Lún	雅伦 Yǎ Lún	蔼伦 Ǎi Lún
AbeM **Abel**M	安培 Ān Péi	恩倍 Ēn Bèi	亚北 Yà Běi	安贝 Ān Bèi	本禄 Běn Lù
AbrahamM	伯翰 Bó Hàn	北汉 Běi Hàn	雅函 Yǎ Hán	国汉 Guó Hàn	本豪 Běn Háo
AbsalomM	赛龙 Sài Lóng	飒容 Sà Róng	桑农 Sāng Nóng	森伦 Sēn Lún	山隆 Shān Lóng
AdaF	燕达 Yàn Dá	雅黛 Yǎ Dài	嫣德 Yān Dé	爱黛 Ài Dài	安黛 Ān Dài
AdamM	安登 Ān Dēng	安道 Ān Dào	安当 Ān Dāng	雅典 Yǎ Diǎn	雅达 Yǎ Dá
AdelaF	德娜 Dé Nà	爱黛 Ài Dài	婀娜 Ē Nà	雅黛 Yǎ Dài	爱兰 Ài Lán
AdelaideF	懿德 Yì Dé	依德 Yī Dé	雅德 Yǎ Dé	德岚 Dé Lán	安兰 Ān Lán
AdeleF **Adeline**F	德琳 Dé Lín	迪苓 Dí Líng	德龄 Dé Líng	爱玲 Ài Líng	安宁 Ān Níng
AdolfM **Adolphus**M	安道 Ān Dào	道夫 Dào Fū	东福 Dōng Fú	道富 Dào Fù	敦福 Dūn Fú

AdrianM	礼安 Lǐ Ān	德礼 Dé Lǐ	乐安 Lè Ān	安俊 Ān Jùn	安顺 Ān Shùn
AgathaF	雅嘉 Yǎ Jiā	雅佳 Yǎ Jiā	佳珊 Jiā Shān	家德 Jiā Dé	康达 Kāng Dá
AgnesF	乃斯 Nǎi Sī	耐思 Nài Sī	爱丽 Ài Lì	艾南 Ài Nán	旎诗 Nǐ Shī
AlanM	亚伦 Yà Lún	爱伦 Ài Lún	雅人 Yǎ Rén	和润 Hé Rùn	安然 Ān Rán
AlbertM	安博 Ān Bó	恩保 Ēn Bǎo	安宝 Ān Bǎo	安柏 Ān Bò	安邦 Ān Bāng
AlbinM **Alden**M **Aldous**M	海度 Hǎi Dù	安端 Ān Duān	恩笃 Ēn Dǔ	耀端 Yào Duān	安笃 Ān Dǔ
AlecM **Alex**M	乐思 Lè Sī	磊士 Lěi Shì	雷石 Léi Shí	垒时 Lěi Shí	乐诗 Lè Shī
AleneF **Aline**F	爱琳 Ài Lín	蔼玲 Ǎi Líng	瑷林 Ài Lín	媛霖 Ài Lín	艾苓 Ài Líng
AlexanderM	立达 Lì Dá	安德 Ān Dé	尚德 Shàng Dá	尚达 Shàng Dá	山登 Shān Dēng
AlexandraF	丽珊 Lì Shān	莉莎 Lì Shā	雅丽 Yǎ Lì	立珊 Lì Shān	少兰 Shào Lán
AlexisM	乐思 Lè Sī	磊翕 Lěi Xī	安立 Ān Lì	立思 Lì Sī	利思 Lì Sī
AlfonsoM	安凡 Ān Fán	芳松 Fāng Sōng	发嵩 Fā Sōng	帆硕 Fān Shuò	方朔 Fāng Shuò

Alfred_M	孚雷 Fú Léi	安磊 Ān Lěi	甫乐 Fǔ Lè	福来 Fú Lái	安瑞 Ān Ruì
Algernon_M	济农 Jì Nóng	冀隆 Jì Lóng	季农 Jì Nóng	济荣 Jì Róng	介融 Jiè Róng
Alice_F **Alicia**_F **Alison**_F	丽思 Lì Sī	爱思 Ài Sī	爱丽 Ài Lì	礼斯 Lǐ Sī	丽霞 Lì Xiá
	莉飒 Lì Sà	丽珊 Lì Shān	莉仙 Lì Xiān	立珊 Lì Shān	丽生 Lì Shēng
Allan_M **Allen**_M	海量 Hǎi Liàng	蔼仁 Ǎi Rén	爱伦 Ài Lún	安南 Ān Nán	海兰 Hǎi Lán
Alma_F	爱曼 Ài Màn	蔼满 Ǎi Mǎn	安曼 Ān Màn	瑗玛 Aì Mǎ	艾迈 Aì Mài
Alphonso_M	方颂 Fāng Sòng	方飒 Fāng Sà	丰硕 Fēng Shuò	枫朔 Fēng Shuò	峰松 Fēng Sōng
Amabel_F	玛宝 Mǎ Bǎo	茂蓓 Mào Bèi	曼宝 Màn Bǎo	满苞 Mǎn Bāo	蔓葆 Màn Bǎo
Alvin_M	安文 Ān Wén	安运 Ān Yùn	蔼云 Ǎi Yún	艾耘 Ài Yún	昂运 Áng Yùn
Amanda_F	明达 Míng Dá	敏德 Mǐn Dé	萌得 Méng Dé	美黛 Měi Dài	孟妲 Mèng Dá
Ambrose_M	安博 Ān Bó	昂步 Áng Bù	安步 Ān Bù	彬若 Bīn Ruò	炳如 Bǐng Rú
Amelia_F	媚丽 Mèi Lì	美雅 Měi Yǎ	美彦 Měi Yàn	媚燕 Mèi Yàn	玫雅 Méi Yǎ

Amos_M	孟书 Mèng Shū	梦舒 Mèng Shū	萌思 Méng Sī	亚孟 Yà Mèng	孟肃 Mèng Sù
Amy_F	爱梅 Ài Méi	蔼美 Ǎi Měi	艾宓 Ài Mì	媛勉 Ài Miǎn	瑷湄 Ài Méi
Andrew_M	安德 Ān Dé	安中 Ān Zhōng	昂如 Áng Rú	昂竹 Áng Zhú	盎足 Àng Zú
Andre_F	媛若 Ài Ruò	爱蕊 Ài Ruǐ	安瑞 Ān Ruì	艾润 Ài Rùn	瑷芮 Ài Ruì
Aneurin_F	乃宁 Nǎi Níng	耐绫 Nài Líng	南琳 Nán Lín	楠妮 Nán Ní	蓼苓 Liǎo Líng
Andy_M	安迪 Ān Dí	艾棣 Ài Dì	昂笛 Áng Dí	庵荻 Ān Dí	安狄 Ān Dí
Angela_F **Angelina**_F	安吉 Ān Jí	菊兰 Jú Lán	洁然 Jié Rán	洁玲 Jié Líng	捷灵 Jié Líng
Angelo_M **Angus**_M	安珂 Ān Kē	爱歌 Ài Gē	安可 Ān Kě	安耕 Ān Gēng	安亘 Ān Gèn
Anita_F	丽苔 Lì Tái	莉泰 Lì Tài	莉棠 Lì Táng	丽桃 Lì Táo	立达 Lì Dá
Ann_F **Anna**_F **Annabella**_F	安逸 Ān Yì	爱谊 Ài Yì	安宜 Ān Yí	安贝 Ān Bèi	贝蕾 Bèi Lěi
	安娜 Ān Nà	艾兰 Ài Lán	爱娘 Ài Niáng	安蓓 Ān Bèi	蓓娜 Bèi Nà
Anne_F **Anetta**_F	安妮 Ān Ní	旖丽 Yǐ Lì	苡莉 Yǐ Lì	爱丽 Ài Lì	蔼妮 Ǎi Ní

AnnetteF **Annie**F	蔼怡 Ǎi Yí	安宜 Ān Yì	爱仪 Ài Yí	安奕 Ān Yì	艾翊 Ài Yì
AnselmM	安粲 Ān Càn	恩灿 Ēn Càn	安才 Ān Cái	安岑 Ān Cén	安苍 Ān Cāng
AnthonyM **Anton**M	安东 Ān Dōng	安通 Ān Tōng	昂东 Áng Dōng	艾佟 Ài Tóng	安彤 Ān Tóng
AntonioM	安良 Ān Liáng	栋梁 Dòng Liáng	恩亮 Ēn Liàng	东亮 Dōng Liàng	铎良 Duó Liáng
AprilF	安普 Ān Pǔ	婀娜 Ē Nuó	恩诺 Ēn Nuò	爱璞 Ài Pú	娥娜 É Nà
ArabellaF	瑞娜 Ruì Nà	芮兰 Ruì Lán	蓝贝 Lán Bèi	蓓娜 Bèi Nà	贝来 Bèi Lái
ArchboldM	安琦 Ān Qí	奇博 Qí Bó	博德 Bó Dé	启迪 Qǐ Dí	其宝 Qí Bǎo
ArmondM	安蒙 Ān Méng	亚芒 Yà Máng	雅萌 Yǎ Méng	恩梦 Ēn Mèng	亚孟 Yà Mèng
ArneM **Arnold**M	安珞 Ān Luò	蔼乐 Ǎi Lè	莞诺 Wǎn Nuò	安乐 Ān Lè	望隆 Wàng Lóng
ArthurM	亚书 Yà Shū	雅叔 Yǎ Shū	言殊 Yán Shū	安瑟 Ān Sè	亚舍 Yà Shè
AubreyM	博立 Bó Lì	博锐 Bó Ruì	百励 Bǎi Lì	本立 Běn Lì	百瑞 Bǎi Ruì
AudreyF	德瑞 Dé Ruì	多丽 Duō Lì	朵丽 Duǒ Lì	爱莉 Ài Lì	啼鹏 Tí Lì

161

BarbaraF	碧然 Bì Rán	璧娘 Bì Niáng	白兰 Bái Lán	白波 Bái Bō	波澜 Bō Lán
BarneyM **Barrett**M **Barrie**M **Barry**M	百利 Bǎi Lì 瑞德 Ruì Dé	勃然 Bó Rán 培瑞 Péi Ruì	彬礼 Bīn Lǐ 沛然 Pèi Rán	冰诺 Bīng Nuò 秉仁 Bǐng Rén	百瑞 Bǎi Ruì 百稔 Bǎi Rěn
BartholomewM	邦乐 Bāng Lè	包禄 Bāo Lù	保禄 Bǎo Lù	宝鹿 Bǎo Lù	葆芦 Bǎo Lú
BasilM	本舜 Běn Shùn	北顺 Běi Shùn	宝志 Bǎo Zhì	保智 Bǎo Zhì	备治 Bèi Zhì
BeatriceF **Beatrix**F	苾翠 Bì Cuì	谧思 Mì Sī	碧丝 Bì Sī	碧翠 Bì Cuì	美丝 Měi Sī
BeckyF	贝冀 Bèi Jì	北晴 Běi Qíng	碧霁 Bì Jì	璧琪 Bì Qí	苾绮 Bì Qǐ
BelindaF	琳达 Lín Dá	白琳 Bái Lín	银芽 Yíng Yá	白岭 Bái Lǐng	碧菱 Bì Líng
BenM	本怡 Běn Yí	彬恩 Bīn Ēn	备宜 Bèi Yí	北业 Běi Yè	白烨 Bái Yè
BenedictM	百迪 Bǎi Dí	本德 Běn Dé	比笛 Bǐ Dí	乃棣 Nǎi Dì	白荻 Bái Dí

BenjaminM	彬明 Bīn Míng	宾敏 Bīn Mǐn	斌民 Bīn Mín	斌杰 Bīn Jié	本杰 Běn Jié
BennettM **Benny**M	本谊 Běn Yí	彬立 Bīn Lì	斌礼 Bīn Lǐ	本逸 Běn Yì	百宜 Bǎi Yí
BernardM	伯念 Bó Niàn	本耐 Běn Nài	乃德 Nǎi Dé	纳德 Nà Dé	百瑞 Bǎi Ruì
BertM	本德 Běn Dé	秉德 Bǐng Dé	培德 Péi Dé	沛棣 Pèi Dì	彬惕 Bīn Tì
BerthaF	白莎 Bái Shā	百硕 Bǎi Shuò	柏松 Bǎi Sōng	宝达 Bǎo Dá	保泰 Bǎo Tài
BertramM	伯仁 Bó Rén	伯让 Bó Ràng	白浪 Bái Làng	平朗 Píng Lǎng	品良 Pǐn Liáng
BerylF	碧如 Bì Rú	璧若 Bì Ruò	佩如 Pèi Rú	白露 Bái Lù	美瑞 Měi Ruì
BessF **Bessie**F **Beth**F	培士 Péi Shì	佩时 Pèi Shí	培实 Péi Shí	碧诗 Bì Shī	佩丝 Pèi Sī
BetsyF	贝茜 Bèi Xī	蓓馨 Bèi Xīn	碧心 Bì Xīn	璧芝 Bì Zhī	碧枝 Bì Zhī
BettyF	百蒂 Bǎi Dì	百棣 Bǎi Dì	美娣 Měi Dì	美笛 Měi Dí	碧蒂 Bì Dì
BiancheF	岚逸 Lán Yì	蓝溪 Lán Xī	兰琪 Lán Qí	朗祺 Láng Qí	朗启 Lǎng Qǐ
BillM **Billy**M	炳利 Bǐng Lì	秉立 Bǐng Lì	彬理 Bīn Lǐ	斌立 Bīn Lì	必力 Bì Lì

163

Bob_M Bobby_M	柏夫 Bó Fū	博福 Bó Fú	博璧 Bó Bì	伯炳 Bó Bǐng	博备 Bó Bèi
Bonnie_F	白璐 Bái Lù	白露 Bái Lù	葆丽 Bǎo Lì	保莉 Bǎo Lì	宝意 Bǎo Yì
Bradley_M	瑞利 Ruì Lì	仁义 Rén Yì	仁理 Rén Lǐ	任廉 Rèn Lián	锐力 Ruì Lì
Brenda_F	瑞达 Ruì Dá	润岱 Rùn Dài	蕊黛 Ruǐ Dài	容丹 Róng Dān	柔达 Róu Dá
Brian_M Bryan_M	百润 Bǎi Rùn	甫仁 Fǔ Rén	富仁 Fù Rén	伯任 Bó Rèn	步稔 Bù Rěn
Bridget_F	瑞吉 Ruì Jí	睿志 Ruì Zhì	锐至 Ruì Zhì	芮智 Ruì Zhì	白霁 Bái Jì
Brooks_M	如珂 Rú Kē	儒可 Rú Kě	汝轲 Rǔ Kē	荣柯 Róng Kē	嵘克 Róng Kè
Bruce_M Bryce_M	本如 Běn Rú	炳儒 Bǐng Rú	步龙 Bù Lóng	步隆 Bù Lóng	禄士 Lù Shì

C

CarolF **Caroline**F	侃容 Kǎn Róng	凯路 Kǎi Lù	若琳 Ruò Lín	乐铃 Lè Líng	凯玲 Kǎi Líng
CarsonM	康生 Kāng Shēng	侃森 Kǎn Sēn	楷善 Kǎi Shàn	凯山 Kǎi Shān	楷杉 Kǎi Shān
CatharineF	鸽翎 Gē Líng	凯琳 Kǎi Lín	桃云 Taó Yún	棠苓 Táng Líng	康宁 Kāng Níng
CathyF	可珊 Kě Shān	开姗 Kāi Shān	康善 Kāng Shàn	凯茜 Kǎi Xī	侃诗 Kǎn Shī
CecilM	世新 Shì Xīn	赛西 Sài Xī	新诗 Xīn Shī	赛施 Sài Shī	西施 Xī Shī
CeciliaF **Cecily**F **Cicely**F	希立 Xī Lì	茜莉 Xī Lì	丽雅 Lì Yǎ	喜霖 Xǐ Lín	赛莉 Sài Lì
	善丽 Shàn Lì	莎丽 Shā Lì	施丽 Shī Lì	诗理 Shī Lǐ	思丽 Sī Lì
CharlesM **Charley**M	嘉尧 Jiā Yáo	佳思 Jiā Sī	家瑞 Jiā Ruì	加荣 Jiā Róng	家思 Jiā Sī
ChristabelF **Christianna**F	凯瑞 Kǎi Ruì	苔蓓 Tái Bèi	蕊思 Ruǐ Sī	泰本 Tài Běn	瑞泰 Ruì Tài
ChristinaF **Christine**F	琨兰 Kūn Lán	丁娜 Dīng Nà	汀蓝 Dīng Lán	坤娣 Kūn Dì	葵丝 Kuí Sī

165

Christopher_M	托福 Tuō Fú	缇帆 Tí Fān	达发 Dá Fā	度佛 Dù Fú	陶丰 Táo Fēng
Claire_F Clara_F Clare_F	可兰 Kě Lán	可然 Kě Rán	葛兰 Gě Lán	高蓝 Gāo Lán	可娜 Kě Nà
	歌然 Gē Rán	珂若 Kē Ruò	可润 Kě Rùn	葛兰 Gě Lán	可莱 Kě Lái
Clarence_M	润思 Rùn Sī	伦梓 Lún Zǐ	劳孜 Láo Zī	仁之 Rén Zhī	任知 Rèn Zhī
Clark_M Claud_M	克劳 Kè Láo	开朗 Kāi Lǎng	高朗 Gāo Lǎng	果朗 Guǒ Lǎng	古饶 Gǔ Ráo
Clement_M	乐睦 Lè Mù	仑慕 Lún Mù	立孟 Lì Mèng	洛蔓 Luò Màn	禄满 Lù Mǎn
Clifford_M Clive_M	立夫 Lì Fū	立佛 Lì Fú	立福 Lì Fú	利福 Lì Fú	力孚 Lì Fú
Colin_M	珂霖 Kē Lín	科灵 Kē Líng	柯林 Kē Lín	可凌 Kě Líng	高岭 Gāo Lǐng
Connie_F	康丽 Kāng Lì	珂妮 Kē Ní	可意 Kě Yì	高谊 Gāo Yì	慷宜 Kāng Yí
Conrad_M	高乐 Gāo Lè	高亮 Gāo Liàng	可乐 Kě Lè	亮德 Liàng Dé	孔梁 Kǒng Liáng
Constance_F	康坦 Kāng Tǎn	侃同 Kǎn Tóng	开泰 Kāi Tài	凯腾 Kǎi Tēng	宽达 Kuān Dá
Cora_F	高然 Gāo Rán	侃若 Kǎn Ruò	宽如 Kuān Rú	坤容 Kūn Róng	康柔 Kāng Róu

Cuthbert_M	开思	开博	开白	楷伯	开柏
	Kāi Sī	Kāi Bó	Kāi Bái	Kāi Bó	Kāi Bó
Cynthia_F	新献	兴善	欣羡	馨香	心娴
	Xīn Xiàn	Xīng Shàn	Xīn Xiàn	Xīn Xiāng	Xīn Xián
Cyril_M	熙瑞	希锐	西芮	锡仁	玺任
Cyrus_M	Xī Ruì	Xī Ruì	Xī Ruì	Xī Rén	Xǐ Rèn

D

Daisy_F	岱熹 Dài Xǐ	蝶喜 Dié Xǐ	玳仪 Dài Yí	黛茜 Dài Xī	妲苡 Dá Yǐ
Dan_M Daniel_M	岱逸 Dài Yì	当立 Dàng Lì	丹理 Dān Lǐ	达理 Dá Lǐ	大立 Dà Lì
Diana_F	丹娜 Dān Nà	黛娘 Dài Niáng	岱娜 Dài Nà	达南 Dá Nán	玳楠 Dài Nán
Daphne_F	黛粉 Dài Fěn	岱汾 Dài Fén	玳芬 Dài Fēn	淡芬 Dàn Fēn	丹凤 Dān Fèng
David_M Davis_M	大伟 Dà Wěi	岱炜 Dài Wěi	丹梧 Dān Wú	德伟 Dé Wěi	大维 Dà Wéi
Dean_M Denis_M	德英 Dé Yīng	定一 Dìng Yī	鼎立 Dǐng Lì	丁轶 Dīng Yì	迪奕 Dí Yì
Deborah_F	涤波 Dí Bō	博然 Bó Rán	宝瑞 Bǎo Ruì	葆蕊 Bǎo Ruǐ	德宝 Dé Bǎo
Doreen_F Doris_F Dorothy_F	多丽 Dūo Lì	朵云 Duǒ Yún	端芸 Duān Yún	敦蕴 Dūn Yùn	端瑞 Duān Ruì
Douglas_M	道岚 Dào Lán	端格 Duān Gé	道思 Dào Sī	多思 Duō Sī	道朗 Dào Lǎng
Duncan_M	敦恳 Dūn Kěn	端可 Duān Kě	顿肯 Dùn Kěn	盾克 Dùn Kè	多康 Duō Kāng

E

Ebenezer M	本泽 Běn Zé	秉则 Bǐng Zé	炳湛 Bǐng Zhàn	冰斋 Bīng Zhāi	彬谌 Bīn Chén
Eddie M Edgar M	恩迪 Ēn Dí	恒棣 Héng Dì	恩德 Ēn Dé	鼎嘉 Dǐng Jiā	德高 Dé Gāo
Edith F	爱娣 Ài Dì	迪思 Dí Sī	蒂丝 Dì Sī	蔼娣 Ǎi Dì	娣思 Dì Sī
Edmond M	艾德 Ài Dé	蔼蒙 Ǎi Méng	德蒙 Dé Méng	蒙德 Méng Dé	德芒 Dé Máng
Edna F	爱娜 Ài Nà	爱迪 Ài Dí	爱笛 Ài Dí	媛楠 Ài Nán	安娜 Ān Nà
Edward M	德华 Dé Huá	德厚 Dé Hòu	迪焕 Dí Huàn	安煌 Ān Huáng	棣辉 Dì Huī
Edwin M	德威 Dé Wēi	德运 Dé Yùn	笛韵 Dí Yùn	迪云 Dí Yún	第耘 Dì Yún
Eileen F	爱琳 Ài Lín	瑷玲 Ài Líng	蔼玲 Ǎi Líng	媛苓 Ài Líng	雁翎 Yàn Líng
Elbert M	尔备 Ěr Bèi	恩伯 Ēn Bó	亨倍 Hēng Bèi	安贝 Ān Bèi	安本 Ān Běn

EleanorF **Elizabeth**F **Elis**F	伊莉 Yī Lì	贝思 Bèi Sī	蓓丝 Bèi Sī	佩诗 Pèi Shī	培士 Péi Shì
	莉若 Lì Ruò	丽容 Lì Róng	丽嫦 Lì Cháng	丽裳 Lì Cháng	丽莎 Lì Shā
EllaF **Ellen**F	爱娜 Ài Nà	蔼兰 Ǎi Lán	恩伦 Ēn Lún	爱伦 Ài Lún	燕来 Yàn Lái
EllisF	爱莉 Ài Lì	月丽 Yuè Lì	也丽 Yě Lì	颜丽 Yán Lì	雅立 Yǎ Lì
EltonM	安顿 Ān Dùn	爱同 Ài Tóng	安通 Ān Tōng	恩统 Ēn Tǒng	艾棠 Ài Táng
EmilyF	明莉 Míng Lì	民利 Mín Lì	梅立 Méi Lì	眉丽 Méi Lì	敏俐 Mǐn Lì
EmmaF	恩美 Ēn Měi	爱明 Ài Míng	蔼敏 Ǎi Mǐn	娥眉 É Méi	莪茂 É Mào
EnidF	旖妮 Yǐ Nī	以德 Yǐ Dé	奕丽 Yì Lì	逸立 Yì Lì	翌隶 Yì Lì
EnochM	奕珞 Yì Luò	乐歌 Lè Gē	诺光 Nuò Guāng	洛谷 Luò Gǔ	意诺 Yì Nuò
EricM **Ernest**M	恩瑞 Ēn Ruì	峨悦 É Yuè	恩思 Ēn Sī	宜德 Yí Dé	恩年 Ēn Nián
ErvinM	谊文 Yì Wén	逸云 Yì Yún	翼运 Yì Yùn	意温 Yì Wēn	亦威 Yì Wēi
EsmondeM	沐德 Mù Dé	慕迪 Mù Dí	思模 Sī Mó	司谋 Sī Móu	尹默 Yǐn Mò

EstherF **Ethel**F	伊始 Yǐ Shǐ	宜时 Yí Shí	怡适 Yí Shì	怡杉 Yí Shān	宜山 Yí Shān
EugeneM	友敬 Yǒu Jìng	又憬 Yòu Jǐng	幼菁 Yòu Jīng	有璟 Yǒu Jǐng	佑靖 Yòu Jìng
EugeniaF	尤金 Yóu Jīn	幼吉 Yòu Jí	优景 Yōu Jǐng	又敬 Yòn Jìng	洁雅 Jié Yǎ
EuniceF	尤丽 Yóu Lì	尤旎 Yóu Nǐ	悠思 Yōu Sī	友莉 Yǒu Lì	幼丝 Yòu Sī
EvaF	仪焕 Yí Huàn	尹华 Yǐn Huá	意慧 Yì Huì	苡花 Yǐ Huā	宜华 Yí Huá
EvangelineF	万吉 Wàn Jí	凡杰 Fán Jié	帆捷 Fān Jié	芳玲 Fāng Líng	方琳 Fāng Lín
EveF **Eveline**F **Evelyn**F	伊芙 Yī Fú	亦福 Yì Fú	奕甫 Yì Fǔ	宜赋 Yí Fù	怡馥 Yí Fù
	芙琳 Fú Lín	怡芙 Yí Fú	馥苓 Fù Líng	枫林 Fēng Lín	芬玲 Fēn Líng

F

FaithF **Fanny**F	芬妮 Fēn Nī	凤夷 Fèng Yí	丰颐 Fēng Yí	飞怡 Fēi Yí	菲谊 Fēi Yí
FelixM **Ferdinand**M	斐迪 Fěi Dí	飞棣 Fēi Dì	菲南 Fēi Nán	丰鼎 Fēng Dǐng	峰顶 Fēng Dǐng
FloraF	罗兰 Luó Lán	萝娜 Luó Nà	洛蓉 Luò Róng	珞然 Luò Rán	璐如 Lù Rú
FlorenceF	罗仁 Luó Rén	洛仑 Luò Lún	陆稔 Lù Rěn	禄人 Lù Rén	禄仁 Lù Rén
FrancesF	朗西 Lǎng Xī	琅茜 Láng Xī	莲馨 Liàn Xīn	苒欣 Rǎn Xīn	然歆 Rán Xīn
FrancisM	朗西 Lǎng Xī	浪新 Làng Xīn	廉辛 Lián Xīn	联兴 Lián Xīn	峦鑫 Luán Xīn
FrankM	福南 Fú Nán	夫然 Fū Rán	复朗 Fù Lǎng	佛良 Fú Liáng	富廉 Fù Lián
FredaF	瑞妲 Ruì Dá	睿达 Ruì Dá	芮丹 Ruì Dān	蕊黛 Ruǐ Dài	瑞岱 Ruì Dài
FreddieM	瑞迪 Ruì Dí	福瑞 Fú Ruì	发利 Fā Lì	锐力 Ruì Lì	仁立 Rén Lì
FrederickM	瑞珂 Ruì Kē	锐可 Ruì Kě	睿科 Ruì Kē	雷凯 Léi Kǎi	福瑞 Fú Ruì

G

GeoffreyM	杰夫 Jié Fū	福瑞 Fú Ruì	皆福 Jiē Fú	介夫 Jiè Fū	金福 Jīn Fú
GaryM	高立 Gāo Lì	嘉礼 Jiā Lǐ	嘉立 Jiā Lì	佳理 Jiā Lǐ	家锐 Jiā Ruì
GenevieveF	吉纳 Jí Nà	俊芙 Jùn Fú	钧为 Jūn Wéi	君伟 Jūn Wěi	君薇 Jūn Wéi
GeorgeM	佑吉 Yòu Jí	久吉 Jiǔ Jí	乔治 Qiáo Zhì	玖杰 Jiǔ Jié	幼骥 Yòu Jì
GeorgiaF	娇洁 Jiāo Jié	吉佳 Jí Jiā	皎洁 Jiǎo Jié	季洁 Jì Jié	娇雅 Jiāo Yǎ
GeraldM	吉禄 Jí Lù	杰如 Jié Rú	捷龙 Jié Lóng	金诺 Jīn Nuò	洁若 Jié Ruò
GeraldineF	吉娜 Jí Nà	季娜 Jì Nà	金兰 Jīn Lán	洁兰 Jié Lán	君兰 Jūn Lán
GerardM	吉荣 Jí Róng	冀嵘 Jì Róng	季儒 Jì Rǔ	寄榕 Jì Róng	继融 Jì Róng
GerryM	杰礼 Jié Lǐ	吉瑞 Jí Ruì	捷锐 Jié Ruì	吉礼 Jí Lǐ	继立 Jì Lì
GertrudeF	癸初 Guǐ Chū	圭楚 Guī Chǔ	瑰春 Guī Chūn	桂淳 Guì Chún	贵纯 Guì Chún

GiebertM	家伯 Jiā Bó	嘉博 Jiā Bó	佳柏 Jiā Bó	迦波 Jiā Bō	加勃 Jiā Bó
GillF **Gillam**F	洁儿 Jié Ér	锦仪 Jǐn Yí	景宜 Jǐng Yí	吉莲 Jí Lián	季莲 Jì Lián
GladysF	岚笛 Lán Dí	雷翟 Léi Dí	乐迪 Lè Dí	朗荻 Lǎng Dí	歌乐 Gē Lè
GodfreyM	歌瑞 Gē Ruì	戈锐 Gē Ruì	恭福 Gōng Fú	庚福 Gēng Fú	赓睿 Gēng Ruì
GodwinM	葛文 Gě Wén	功蕴 Gōng Yùn	恭运 Gōng Yùn	公允 Gōng Yǔn	工韵 Gōng Yùn
GordonM	公德 Gōng Dé	高登 Gāo Dēng	躬隆 Gōng Lóng	歌冬 Gē Dōng	戈登 Gē Dēng
GraceF	蕊思 Ruǐ Sī	苒丝 Rǎn Sī	柔丝 Róu Sī	谷丽 Gǔ Lì	瑞思 Ruì Sī
GregoryM	葛雷 Gě Léi	歌瑞 Gē Ruì	葛瑞 Gě Ruì	国荣 Guó Róng	郭嵘 Guō Róng
GwendolineF	温德 Wēn Dé	多霖 Duō Lín	文林 Wén Lín	蔚岭 Wèi Lǐng	伟凌 Wěi Líng

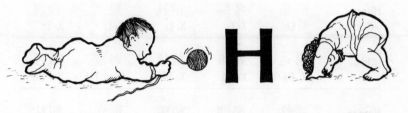

HannahF	涵纳 Hán Nà	汉娜 Hàn Nà	海浪 Hǎi Làng	寒耐 Hán Nài	菡若 Hán Ruò
HarrielF	海蕾 Hǎi Lěi	含蕊 Hán Ruǐ	寒蕾 Hán Lěi	菡蕊 Hán Ruǐ	晗瑞 Hán Ruì
HarroldM	海瑞 Hǎi Ruì	豪锐 Háo Ruì	禾乐 Hé Lè	浩若 Hào Ruò	涵瑞 Hán Ruì
HarryM	豪立 Háo Lì	浩里 Hào Lǐ	浩瑞 Hào Ruì	皓理 Hào Lǐ	灏力 Hào Lì
HelenF **Helena**F	海莲 Hǎi Lián	含蕊 Hán Ruǐ	涵莉 Hán Lì	荷莲 Hé Lián	海丽 Hào Lì
HenriettaF	瑞泰 Ruì Tài	亨岱 Hēng Dài	姮姐 Héng Dá	恒达 Héng Dá	含瑞 Hán Ruì
HenryM	翰礼 Hàn Lǐ	亨瑞 Hēng Ruì	汉立 Hàn Lì	涵瑞 Hán Ruì	亨利 Hēng Lì
HerbertM	贺伯 Hè Bó	和本 Hé Běn	鹤比 Hè Bǐ	禾炳 Hé Bǐng	贺宝 Hè Bǎo
HermanM	贺满 Hè Mǎn	海麦 Hǎi Mài	汉满 Hàn Mǎn	赫曼 Hè Màn	贺曼 Hè Màn
HermioneF	荷美 Hé Měi	贺眉 Hè Méi	和湄 Hé Méi	禾茂 Hé Mào	荷媚 Hé Mèi

175

Hilary M	熙乐	熹黎	禧礼	玺立	惜丽
	Xī Lè	Xī Lí	Xǐ Lǐ	Xǐ Lì	Xī Lì

Hilda F	喜达	希妲	茜黛	娴泰	霞丹
	Xǐ Dá	Xǐ Dá	Xī Dài	Xián Tài	Xía Dān

Horace M	霍瑞	豁朗	和瑞	贺立	和礼
	Huò Ruì	Huò Lǎng	Hé Ruì	Hè Lì	Hé Lǐ

Horatio M	贺笛	霍迪	和箫	和晓	禾秀
	Hè Dí	Huò Dí	Hé Xiāo	Hé Xiǎo	Hé Xiù

Howard M	贺华	鸿焕	恒奂	和华	豪华
	Hè Huá	Hóng Huàn	Héng Huàn	Hé Huá	Háo Huá

Hubert M	修伯	虚伯	许备	舒北	栩贝
	Xiū Bó	Xū Bó	Xǔ Bèi	Shū Běi	Xǔ Bèi

Hudson M	贺生	霍升	赫深	华生	何盛
	Hè Shēng	Huò Shēng	Hè Shēn	Huá Shēng	Hé Shèng

Hugh M	胥吾	须梧	秀聿	戌雨	许誉
	Xū Wú	Xū Wú	Xiù Yù	Xù Yǔ	Xǔ Yù

Hugo M	雨果	许果	熙贵	席桂	希国
	Yǔ Guǒ	Xǔ Guǒ	Xī Guì	Xí Guì	Xī Guó

Humphrey M	汉福	翰孚	汉瑞	寒如	晗甫
	Hàn Fú	Hàn Fú	Hàn Ruì	Hán Rú	Hán Fǔ

IdaF	爱姐 Ài Dá	媛玳 Ài Dài	蔼岱 Ǎi Dài	瑷黛 Ài Dài	安达 Ān Dá
IreneF	爱云 Ài Yún	艾芸 Ài Yún	媛荣 Ài Róng	蔼匀 Ǎi Yún	瑷月 Ài Yuè
IrisF	爱悦 Ǎi Yuè	蕊丝 Ruǐ Sī	锐思 Ruì Sī	蔼瑞 Ǎi Ruì	媛芮 Ài Ruì
IrvinM **Irwin**M	伊汶 Yī Wén	宇文 Yǔ Wén	育文 Yù Wén	瑜雯 Yù Wén	宇闻 Yǔ Wén
IsaacM	毅山 Yì Shān	宜善 Yí Shàn	弋飒 Yì Sà	易禅 Yì Shàn	逸洒 Yì Sǎ
IsabelF **Isabella**F	怡飒 Yí Sà	伊莎 Yī Shā	仪珊 Yí Shān	蓓兰 Bèi Lán	贝娜 Bèi Nà
IsaiahM	奕赛 Yì Sài	翊思 Yì Sì	亦善 Yì Shàn	育善 Yù Shàn	逸善 Yì Shàn
IvanM	翌万 Yì Wàn	邑旺 Yì Wàng	翊望 Yì Wàng	奕芒 Yì Máng	亦旺 Yì Wàng

Jack_M	杰轲 Jié Kē	佳格 Jiā Gé	杰克 Jié Kè	捷克 Jié Kè	嘉科 Jiā Kē
Jackson_M	嘉生 Jiā Shēng	杰声 Jié Shēng	佳盛 Jiā Shèng	捷胜 Jié Shèng	吉升 Jí Shēng
Jacob_M	简慷 Jiǎn Kāng	建科 Jiàn Kē	剑侃 Jiàn Kǎn	鉴可 Jiàn Kě	贾可 Jiǎ Kě
Jacqueline_F	佳宁 Jiā Níng	佳玲 Jiā Líng	嘉菱 Jiā Líng	加贵 Jiā Guì	家桂 Jiā Guì
James_M	健模 Jiàn Mú	坚木 Jiān Mù	荐慕 Jiàn Mù	见睦 Jiàn Mù	简穆 Jiǎn Mù
Jane_F Janet_F	真意 Zhēn Yì	坚毅 Jiān Yì	婕仪 Jié Yí	静宜 Jìng Yí	俭妮 Jiǎn Nī
Jay_M	简宜 Jiǎn Yí	鉴玉 Jiàn Yù	剑仪 Jiàn Yí	健弋 Jiàn Yì	建易 Jiàn Yì
Jean_F Jeannette_F	景怡 Jǐng Yí	珍仪 Zhēn Yí	锦霓 Jǐn Ní	静宜 Jìng Yí	景怡 Jǐng Yí
Jeffrey_M	简理 Jiǎn Lǐ	杰黎 Jié Lí	捷立 Jié Lì	纪非 Jì Fēi	福礼 Fú Lǐ
Jennifer_F Jenny_F	珍丽 Zhēn Lì	莉芳 Lì Fāng	纪丽 Jì Lì	洁俐 Jié Lì	静莲 Jìng Lián

JeremyM **Jerome**M	坚珉 Jiān Mín	建民 Jiàn Mín	健明 Jiàn Míng	捷敏 Jié Mǐn	杰美 Jié Měi
JerroldM	杰诺 Jié Nuò	季若 Jì Ruò	纪如 Jì Rú	吉茹 Jí Rú	捷然 Jié Rán
JerryF	洁如 Jié Rú	季瑞 Jì Ruì	吉瑞 Jí Ruì	静如 Jìng Rú	纪瑞 Jì Ruì
JessicaF	思佳 Sī Jiā	喜嘉 Xǐ Jiā	洁思 Jié Sī	婕茜 Jié Xī	希珈 Xī Jiā
JessieF	杰茜 Jié Xī	洁熙 Jié Xī	婕喜 Jié Xǐ	结喜 Jié Xǐ	继翕 Jì Xī
JimM **Jimmy**M	詹敏 Zhān Mǐn	捷民 Jié Mín	季明 Jì Míng	子美 Zǐ Měi	吉美 Jí Měi
JoanF **Joanna**F **Joanne**F	琼恩 Qióng Ēn	裘安 Qiú Ān	琼安 Qióng Ān	巧英 Qiǎo Yīng	乔茵 Qiáo Yīn
	琼娜 Qióng Nà	乔兰 Qiáo Lán	琼蓝 Qióng Lán	巧蕥 Qiǎo Nán	茱娜 Zhū Nà
JoeM	齐佑 Qí Yòu	晋恩 Jìn Ēn	济友 Jì Yǒu	敬友 Jìn Yǒu	吉佑 Jí Yòu
JocelynF	玖玲 Jiǔ Líng	喜莲 Xǐ Lián	希苓 Xī Líng	思琳 Sī Lín	禧玲 Xǐ Líng
JohnM **Johnny**M	峤安 Qiáo Ān	秋恩 Qiū Ēn	强昂 Qiáng Áng	仲尼 Zhòng Ní	乔宁 Qiáo Níng
JonathanM	乔森 Qiáo Sēn	君南 Jūn Nán	邱楠 Qiū Nán	强盛 Qiáng Shèng	秋男 Qiū Nán

JosephM	樵伕 Qiáo Fū	秋阜 Qiū Fù	侨富 Qiáo Fù	邱赋 Qiū Fù	秋富 Qiū Fù
JosephineF	琼芬 Qióng Fēn	秋凤 Qiū Fèng	巧芙 Qiǎo Fú	乔菲 Qiáo Fēi	娟斐 Juān Fěi
JoyceF	隽思 Juàn Sī	珏士 Jué Shì	孝慈 Xiào Cí	锺丝 Zhōng Sī	琼斯 Qióng Sī
JudyF **Judith**F	茱迪 Zhū Dí	珠娣 Zhū Dì	竹第 Zhú Dì	娣适 Dì Shì	蒂莳 Dì Shì
JuliaF	玖妮 Jiǔ Ní	秋丽 Giū Lì	茱莉 Zhū Lì	祝礼 Zhù Lǐ	珠丽 Zhū Lì
JulianM	柱联 Zhù Lián	竺廉 Zhú Lián	诸琏 Zhū Lián	祝濂 Zhù Lián	朱涟 Zhū Lián
JulienF	玖玲 Jiǔ Líng	朱莲 Zhū Lián	朱雁 Zhū Yàn	朱燕 Zhū Yàn	茱琳 Zhū Lín
JulietF	茱丽 Zhū Lì	茱叶 Zhū Yè	珠联 Zhū Lián	菊丽 Jú Lì	茱艳 Zhū Yàn
JuneF	琼恩 Qióng Ēn	君恩 Jūn Ēn	晴雯 Qíng Wén	庆文 Qìng Wén	均安 Jūn Ān
JustinM	朱庭 Zhū Tíng	嘉定 Jiā Dìng	竹亭 Zhú Tíng	柱定 Zhù Dìng	柱鼎 Zhù Dǐng

KatharineF **Katherine**F	开云 Kāi Yún	楷芸 Kǎi Yún	凯运 Kǎi Yùn	侃匀 Kǎn Yún	康韵 Kāng Yùn
KateF	康恬 Kāng Tián	海缇 Hǎi Tí	凯棣 Kǎi Dì	侃缇 Kǎn Tí	凯娣 Kǎi Dì
KathyF	海蒂 Hǎi Dì	凯蒂 Kǎi Dì	开棣 Kāi Dì	凯笛 Kǎi Dí	康娣 Kāng Dì
KayF **Kaye**F	可仪 Kě Yí	康艺 Kāng Yì	凯奕 Kǎi Yì	开益 Kāi Yì	楷薏 Kǎi Yì
KeithM	基石 Jī Shí	济慈 Jì Cí	季实 Jì Shí	纪士 Jǐ Shì	继志 Jì Zhì
KennethM	恳实 Kěn Shí	肯轼 Kěn Shì	耕时 Gēng Shí	铿石 Kēng Shí	庚世 Qēng Shì
KittyF	吉倜 Jí Tì	婕娣 Jié Dì	洁蒂 Jié Dì	霁笛 Jì Dí	姬娣 Jī Dì

LanceM	览诗 Lǎn Shī	朗士 Lǎng Shì	男适 Nán Shì	岚石 Lán Shí	劳思 Láo Sī
LauraF	朗然 Lǎng Rán	琅若 Láng Ruò	浪如 Làng Rú	萝荣 Luó Róng	洛容 Luò Róng
LarryM	莱利 Lái Lì	乐瑞 Lè Ruì	劳瑞 Láo Ruì	洛任 Luò Rèn	罗仁 Luó Rén
LaurelF	萝莉 Luó Lì	洛瑞 Luò Ruì	露仁 Lù Rén	珑丽 Lóng Lì	露蕊 Lù Ruǐ
LaurenceM	洛仁 Luò Rén	罗伦 Luó Lún	落磊 Luò Lěi	珞润 Luò Rùn	若雷 Ruò Léi
LenaF	利然 Lì Rán	丽娜 Lì Nà	理栾 Lǐ Luán	莉蓝 Lì Lán	立兰 Lì Lán
LeonM **Leonard**M	理昂 Lǐ Áng	里安 Lǐ Ān	禄安 Lù Ān	仑岚 Lún Lán	伦诺 Lún Nuò
LesleyF	乐蒂 Lè Dì	乐笛 Lè Lí	乐莉 Lè Lì	蕾丽 Lěi Lì	磊莉 Lěi Lì
LeslieM	乐力 Lè Lì	雷力 Léi Lì	磊立 Lěi Lì	乐礼 Lè Lǐ	蕾立 Lěi Lì
LesterM	乐德 Lè Dé	立德 Lì Dé	利达 Lì Dá	礼思 Lǐ Sī	磊德 Lěi Dé

LewisM	廉士 Lián Shì	落实 Luò Shí	柳丝 Liǔ Sī	流石 Liú Shí	留史 Liú Shǐ
LilianF	丽莲 Lì Lián	莉涟 Lì Lián	俐恋 Lì Liàn	隶廉 Lì Lián	立濂 Lì Lián
LilyF	丽丽 Lì Lì	莉莉 Lì Lì	俐俐 Lì Lì	荔丽 Lì Lì	黎丽 Lí Lì
LincolnM	林恳 Lín Kěn	霖可 Lín Kě	林肯 Lín Kěn	宁克 Níng Kè	凌空 Líng Kōng
LindaF	琳达 Lín Dá	玲黛 Líng Dài	旎岱 Ní Dài	菱玳 Líng Dài	宁达 Níng Dá
LioneM	礼来 Lǐ Lái	理乐 Lǐ Lè	李立 Lǐ Lì	理昂 Lǐ Áng	立昂 Lì Áng
LisaF	丽莎 Lì Shā	丽姗 Lì Shān	莉莎 Lì Shā	黎飒 Lí Sà	丽桑 Lì Sāng
LlewelynM	磊林 Lěi Lín	雷凛 Léi Lǐn	乐龄 Lè Líng	垒岭 Lěi Lǐng	乐霖 Lè Lín
LloydM	洛德 Luò Dé	乐德 Lè Dé	柳岱 Liǔ Dài	绿荻 Lǜ Dí	律迪 Lǜ Dí
LolitaF	乐丽 Lè Lì	莉达 Lì Dá	乐立 Lè Lì	立达 Lì Dá	丽妲 Lì Dá
LouisaF	绿飒 Lù Sà	鹭鸶 Lù Sī	露莎 Lù Shā	绿洒 Lǜ Sǎ	丽桑 Lì Sāng
LoraF	罗娜 Luó Nà	萝然 Luó Rán	若男 Ruò Nán	瑞兰 Ruì Lán	如兰 Rú Lán

Louis F	陆宜 Lù Yí	露丝 Lù Sī	璐仪 Lù Yí	绿宜 Lǜ Yí	露怡 Lù Yí
Louise F	绿漪 Lǜ Yī	路夷 Lù Yí	露怡 Lù Yí	禄伊 Lù Yī	璐宜 Lù Yí
Lucia F Lucy F	露茜 Lù Xī	陆琪 Lù Qí	罗琪 Luó Qí	若席 Ruò Xí	璐茜 Lù Xī
Luther M	路德 Lù Dé	路舒 Lù Shū	禄士 Lù Shì	鹿特 Lù Tè	禄寿 Lù Shòu
Lydia F	力棣 Lì Dì	立蒂 Lì Dì	莉荻 Lì Dí	丽蝶 Lì Dié	丽雅 Lì Yǎ

MabelF	梅葆 Méi Bǎo	眉贝 Méi Bèi	湄北 Méi Běi	玫宝 Méi Bǎo	美宝 Měi Bǎo
MackM	马轲 Mǎ Kē	迈克 Mài Kè	麦可 Mài Kě	迈可 Mài Kě	麦柯 Mài Kē
MadelineF	玛琳 Mǎ Lín	麦龄 Mài Líng	曼玲 Màn Lín	曼琳 Màn Lín	麦玲 Mài Lín
MaggieF	玛琪 Mǎ Qí	麦琪 Mài Qí	曼纪 Màn Jì	美琪 Měi Qí	美祈 Měi Qí
MargaretF **Margery**F **Margot**F	玛瑞 Mǎ Ruì 茂蕊 Mào Ruǐ	缦蕊 Màn Ruǐ 玛果 Mǎ Guǒ	满瑞 Mǎn Ruì 曼姑 Màn Gū	绵荣 Mián Róng 满庚 Mǎn Gēng	嵋容 Méi Róng 蔓根 Màn Gēn
MariaF	玛丽 Mǎ Lì	美瑞 Měi Ruì	蔓莉 Màn Lì	玫雅 Méi Yǎ	梅丽 Méi Lì
MarionF	曼容 Màn Róng	玛瑞 Mǎ Ruì	玛荣 Mǎ Róng	曼荣 Màn Róng	美雍 Měi Yōng
MarjorieF	曼琴 Màn Qín	玛琪 Mǎ Qí	满济 Mǎn Jì	蔓琦 Màn Qí	美娇 Měi Jiāo
MarkM	迈克 Mài Kè	麦克 Mài Kè	马克 Mǎ Kè	麦可 Mài Kě	马柯 Mǎ Kē

185

MarleneF	美琳 Měi Lín	美龄 Měi Líng	梅玲 Méi Líng	玛苓 Mǎ Líng	曼云 Màn Yún
MarthaF	美苔 Měi Tái	眉泰 Méi Tài	湄坦 Méi Tǎn	梅坛 Méi Tán	袤台 Mào Tái
MartinM	满庭 Mǎn Tíng	曼丁 Màn Dīng	懋亭 Mào Tíng	矛挺 Máo Tǐng	漫霆 Màn Tíng
MartineF	玛珍 Mǎ Zhēn	蔓真 Màn Zhēn	满铮 Mǎn Zhēng	美贞 Měi Zhēn	美臻 Měi Zhēn
MarvenM **Marvin**M	马文 Mǎ Wén	矛武 Máo Wǔ	毛威 Máo Wēi	茂文 Mào Wén	茂纬 Mào Wěi
MaryF	美丽 Měi Lì	梅丽 Méi Lì	玫丽 Méi Lì	美俐 Měi Lì	梅蕊 Méi Ruǐ
MasonM	梅逊 Méi Xùn	梅生 Méi Shēng	迈升 Mài Shēng	麦逊 Mài Xùn	茂盛 Mào Shèng
MathewM	迈希 Mài Xī	麦栩 Mài Xǔ	满胥 Mǎn Xū	迈修 Mài Xiū	麦秀 Mài Xiù
MaudF	茉莉 Mò Lì	墨黛 Mò Dài	默岱 Mò Dài	模迪 Mú Dí	侔第 Móu Dì
MauriceM	模励 Mó Lì	漠利 Mò Lì	墨礼 Mò Lǐ	默思 Mò Sī	茂立 Mào Lì
MaxM	马克 Mǎ Kè	迈克 Mài Kè	麦克 Mài Kè	迈斯 Mài Sī	麦斯 Mài Sī
MayF	梅丽 Méi Lì	美丽 Měi Lì	玫丽 Méi Lì	妙意 Miào Yì	敏益 Mǐn Yì

Micheal_M	满科 Mǎn Kē	漫柯 Màn Kē	芒开 Máng Kāi	麦康 Mài Kāng	迈可 Mài Kě
Michel_F **Michelle**_F	弥谐 Mí Xié	宓西 Mì Xī	美熙 Měi Xī	民谐 Mín Xié	美谐 Měi Xié
	米雪 Mǐ Xuě	美雪 Měi Xuě	美欣 Měi Xīn	麦谐 Mài Xié	蜜谐 Mì Xié
Mickey_M	米奇 Mǐ Qí	鸣奇 Míng Qí	明捷 Míng Jié	民杰 Mín Jié	宓奇 Mì Qí
Mirabel_F	敏倍 Mǐn Bèi	明贝 Míng Bèi	茗蓓 Míng Bèi	美宝 Měi Bǎo	珉贝 Mín Bèi
Miranda_F	米兰 Mǐ Lán	美兰 Měi Lán	美妲 Měi Dá	琅玳 Láng Dài	敏达 Mǐn Dá
Miriam_F	瑞雅 Ruì Yǎ	美雅 Měi Yǎ	鸣扬 Míng Yáng	明阳 Míng Yáng	民仰 Mín Yǎng
Mitchell_M	敏辛 Mǐn Xīn	铭谢 Míng Xiè	明新 Míng Xīn	民欣 Mín Xīn	宓谦 Mì Qiān
Molly_F	懋栎 Mào Lì	茉莉 Mò Lì	茂莉 Mào Lì	慕理 Mù Lǐ	慕礼 Mù Lǐ
Mona_F	梦娜 Mèng Nà	梦兰 Mèng Lán	萌蓢 Méng Nán	孟兰 Mèng Lán	梦楠 Mèng Nán
Monica_F	茉莉 Mò Lì	眸丽 Móu Lì	墨灵 Mò Líng	沐霖 Mù Líng	慕玲 Mù Líng
Morgan_M	莫干 Mò Gān	牧甘 Mù Gān	慕刚 Mù Gāng	穆岗 Mù Gāng	茂根 Mào Gēn

Moses_M	莫什 Mò Shí	沐升 Mù Shēng	慕施 Mù Shī	穆生 Mù Shēng	慕胜 Mù Shèng
Muriel_F **Myra**_F **Myrrha**_F	睦丽 Mù Lì	穆丽 Mù Lì	慕瑞 Mù Ruì	慕容 Mù Róng	睦儒 Mù Rú
Myrtle_F	茉丽 Mò Lì	茉莉 Mò Lì	慕理 Mù Lǐ	模理 Mó Lǐ	慕力 Mù Lì

Nancy~F~	萳茜 Nán Xī	楠希 Nán Xī	蓝溪 Lán Xī	兰禧 Lán Xǐ	岚翕 Lán Xǐ
Naomi~F~	瑙宓 Nǎo Mì	洛美 Luò Měi	洓湄 Luò Méi	萝梅 Luó Méi	珞玫 Luò Méi
Natalie~F~	乐蒂 Lè Dì	娜丽 Nà Lì	蓝恬 Lán Tián	乃谦 Nǎi Qiān	乐陶 Lè Táo
Nathan~M~	南唐 Nán Táng	男堂 Nán Táng	南庭 Nán Tíng	念亭 Niàn Tíng	年登 Nián Dēng
Nelly~F~ Nellie~F~	乐莉 Lè Lì	蕾丽 Lěi Lì	磊立 Lěi Lì	霓丽 Ní Lì	妮俐 Ní Lì
Neville~M~ Newell~M~	礼文 Lǐ Wén	理维 Lǐ Wéi	立伟 Lì Wěi	力卫 Lì Wèi	里昂 Lǐ Áng
Nicholas~M~	立可 Lì Kě	礼珂 Lǐ Kē	黎轲 Lí Kē	理克 Lǐ Kè	立柯 Lì Kē
Nick~M~ Nigel~M~	尼克 Ní Kè	立铿 Lì Kēng	理恳 Lǐ Kěn	礼肯 Lǐ Kěn	黎可 Lí Kě
Noel~M~	洛安 Luò Ān	罗艾 Luó Ài	隆安 Lóng Ān	龙安 Lóng Ān	洛珥 Luò Ěr
Nola~F~	罗娜 Ló Nà	萝拉 Luó Lā	洛兰 Luò Lán	珞蓝 Luò Lán	乐朗 Lè Lǎng

NolanM	诺莱 Nuò Lái	洛朗 Luò Lǎng	珞琅 Luò Láng	蕾蓝 Lěi Lán	龙磊 Lóng Lěi
NoraF	珑然 Lóng Rán	罗兰 Luó Lán	萝兰 Luó Lán	隆楠 Lóng Nán	茏娜 Lóng Nà
NobertM	诺伯 Nuò Bó	罗柏 Luó Bǎi	卢本 Lú Běn	陆柏 Lù Bǎi	鲁宾 Lǔ Bīn
NormaF	萝玛 Luó Mǎ	罗曼 Luó Màn	若曼 Ruò Màn	洛曼 Luò Màn	萝蔓 Luó Màn
NormanM	萝满 Luó Mǎn	洛曼 Luò Màn	若莽 Ruò Mǎng	诺缦 Nuò Màn	珞芒 Luò Máng
NorrisM	诺理 Luò Lǐ	洛立 Luò Lì	罗瑞 Luó Ruì	络理 Luò Lǐ	罗礼 Luó Lǐ

| **Olga**F | 奥佳 | 欧佳 | 欧嘉 | 莞娇 | 沃嘉 |
| | Ào Jiā | Ōu Jiā | Ōu Jiā | Wǎn Jiāo | Wò Jiā |

| **Olive**F | 奥芙 | 讴礼 | 欧隶 | 欧嘉 | 傲丽 |
| **Olivia**F | Ào Fú | Ōu Lǐ | Ōu Lì | Ōu Jiā | Ào Lì |

| **Oliver**M | 敖立 | 奥立 | 欧黎 | 欧立 | 奥理 |
| | Ào Lì | Ào Lì | Ōu Lí | Ōu Lì | Ào Lǐ |

| **Osbert**M | 讴北 | 欧博 | 翱波 | 奥勃 | 傲槐 |
| **Oswald**M | Ōu Běi | Ōu Bó | Áo Bō | Ào Bó | Ào Huái |

| **Owen**M | 渥文 | 沃温 | 欧尉 | 鸥维 | 沃汶 |
| | Wò Wén | Wò Wēn | Ōu Wèi | Ōu Wéi | Wò Wèn |

P

PamelaF	白梅 Bái Méi	葩美 Pā Měi	芭湄 Bā Méi	培苗 Péi Miáo	佩梅 Pèi Méi
PalmerM	鹏陌 Péng Mò	蓬牧 Péng Mù	朋慕 Péng Mù	培睦 Péi Mù	沛墨 Pèi Mò
ParkerM **Pat**M	沛特 Pèi Tè	培陶 Péi Táo	鹏腾 Péng Téng	蓬德 Péng Dé	白蒂 Bái Dì
PatienceF	佩恬 Pèi Tián	沛欣 Pèi Xīn	佩幸 Pèi Xìng	培心 Péi Xīn	朋歆 Péng Xīn
PatriciaF	佩翠 Pèi Cuì	佩夏 Pèi Xià	培侠 Péi Xiá	璀霞 Cuǐ Xiá	翠霞 Cuì Xiá
PatrickM	鹏川 Péng Chūan	朋萃 Péng Cuì	沛椿 Pèi Chūn	培淳 Péi Chún	庞崔 Páng Cuī
PattyF	贝倜 Bèi Tì	蓓缇 Bèi Tí	佩奇 Pèi Qí	培蒂 Péi Dì	佩琪 Pèi Qí
PaulM	保仑 Bǎo Lún	保罗 Bǎo Luó	宝禄 Bǎo Lù	磐峦 Pán Luán	沛绿 Pèi Lù
PaulaF	包娜 Bāo Nà	宝兰 Bǎo Lán	彭乐 Péng Lè	佩娜 Pèi Nà	培乐 Péi Lè
PaulineF	宝玲 Bǎo Líng	保琳 Bǎo Lín	佩玲 Pèi Líng	宝龄 Bǎo Líng	彭丽 Péng Lì

PearlF	波绿 Bō Lǜ	沛雨 Pèi Yǔ	佩宜 Pèi Yí	培羽 Péi Yǔ	珀玉 Pò Yù
PegF **Peggy**F	佩婕 Pèi Jié	佩姬 Pèi Jī	培丝 Péi Sī	蓬姬 Péng Jī	翩竞 Piān Jìng
PenelopeF	琵乐 Pí Lè	佩珞 Pèi Luò	培谊 Péi Yì	盼谊 Pàn Yì	朋立 Péng Lì
PennyF	盼宜 Pàn Yí	佩妮 Pèi Nī	朋谊 Péng Yì	培翼 Péi Yì	沛毅 Pèi Yì
PercyM	蒲西 Pǔ Xī	璞锡 Pú Xī	普熙 Pǔ Xī	蒲翕 Pú Xī	磐溪 Pán Xī
PeterM	必达 Bì Dá	彼登 Bǐ Dēng	培德 Péi Dé	品德 Pǐn Dé	比丹 Bǐ Dān
PhilipM	培力 Péi Lì	菲立 Fēi Lì	福乐 Fú Lè	丰磊 Fēng Lěi	峰立 Fēng Lì
PhoebeF	绯比 Fēi Bǐ	飞萍 Fēi Píng	斐碧 Fěi Bì	菲璧 Fēi Bì	翡碧 Fěi Bì
PhyllisF	菲丽 Fēi Lì	飞鹏 Fēi Lì	斐立 Fěi Lì	芙莉 Fú Lì	馥莲 Fù Lián
PriscillaF	瑞茜 Ruì Xī	茜娜 Xī Nà	锐思 Ruì Sī	蕊丝 Ruǐ Sī	熹岚 Xī Lán
PollyF	宝丽 Bǎo Lì	宝俐 Bǎo Lì	波丽 Bō Lì	佩莲 Pèi Lián	培立 Péi Lì
PrudenceF	茹丹 Rú Dān	普茹 Pú Rú	若黛 Ruò Dài	如笃 Rú Dǔ	柔丝 Róu Sī

R

RachelF	瑞霞 Ruì Xiá	瑞秀 Ruì Xiù	蕾秋 Lěi Qiū	蕊青 Ruǐ Qīng	乐琴 Lè Qín
RalphM	若夫 Ruò Fū	诺夫 Nuò Fū	磊孚 Lěi Fú	罗阜 Luó Fù	乐赋 Lè Fù
RaymondM	雷盟 Léi Méng	瑞蒙 Ruì Méng	雷孟 Léi Mèng	蕾萌 Lěi Méng	瑞满 Ruì Mǎn
RandyM	仁棣 Rén Dì	润第 Rùn Dì	瑞迪 Ruì Dí	荣第 Róng Dì	龙顶 Lóng Tǐng
RebeccaF	丽倍 Lì Bèi	蕊碧 Ruǐ Bì	丽开 Lì Kāi	立凯 Lì Kǎi	瑞碧 Ruì Bì
ReubenM	鲁斑 Lǔ Bān	禄斑 Lù Bān	芦白 Lú Bái	伦本 Lún Běn	弩本 Nǔ Běn
ReynoldM	雷诺 Leī Nuò	瑞罗 Ruì Luó	磊落 Lěi Luò	荣禄 Róng Lù	融乐 Róng Lè
RhodaF	萝妲 Léi Nuò	珞苔 Luò Tái	洛覃 Luò Tán	若桃 Ruò Táo	若丹 Ruò Dān
RichardM	理琦 Lǐ Qí	礼杰 Lǐ Jié	立奇 Lì Qí	力骞 Lì Qiān	仁乾 Rén Qián
RitaF	丽妲 Lì Dá	丽丹 Lì Dān	丽桃 Lì Táo	瑞妲 Ruì Dá	李桃 Lǐ Táo

Robert_M	若柏 Ruò Bǎi	洛波 Luò Bō	伦博 Lún Bó	罗伯 Luó Bó	罗勃 Luó Bó
Robin_MF	罗宾 Luó Bīn	若屏 Ruò Píng	罗彬 Luó Bīn	乐平 Lè Píng	罗斌 Luó Bīn
	如冰 Rú Bīng	如碧 Rú Bì	若冰 Ruò Bīng	若萍 Ruò Píng	罗萍 Luó Píng
Roger_M **Rodger**_M	如坚 Rú Jiān	嵘建 Róng Jiàn	罗杰 Luó Jié	若剑 Ruò Jiàn	荣嘉 Róng Jiā
Roland_M	如岚 Rú Lán	容朗 Róng Lǎng	儒兰 Rú Lán	融琅 Róng Láng	若澜 Ruò Lán
Ronald_M	罗楠 Luó Nán	乐然 Lè Rán	禄纳 Lù Nà	若男 Ruò Nán	儒南 Rú Nán
Ronne_M **Ronney**_M **Rony**_M	仁义 Rén Yì	伦立 Lún Lì	雷毅 Léi Yì	若礼 Ruò Lǐ	儒立 Rú Lì
	若丽 Ruò Lì	如意 Rú Yì	容丽 Róng Lì	如俐 Rú Lì	如逸 Rú Yì
Rose_F **Rosemary**_F	玫瑰 Méi Guī	若玫 Ruò Méi	露丝 Lù Sī	如诗 Rú Shī	柔思 Róu Sī
	萝媚 Luó Mèi	如湄 Rú Méi	若梅 Ruò Méi	玫瑞 Méi Ruì	玫丽 Méi Lì
Ross_M	罗斯 Luó Sī	路思 Lù Sī	陆思 Lù Sī	卢思 Lú Sī	若斯 Ruò Sī
Ruby_F	如冰 Rú Bīng	茹比 Rú Bǐ	露宓 Lù Mì	绿碧 Lù Bì	如意 Rú Yì

Rudolf_M	儒道 Rú Dào	笃多 Dǔ Duō	鲁道 Lǔ Dào	楮冬 Chǔ Dōng	如夫 Rú Fū
Ruppert_M	如鹏 Rú Péng	儒沛 Rú Pèi	汝培 Rǔ Péi	戎蓬 Róng Péng	荣丕 Róng Pī
Ruth_F	如莳 Rú Shì	若实 Ruò Shí	鹭丝 Lù Sī	茹适 Rú Shì	柔士 Róu Shì

196

S

SallyF	莎莉 Shā Lì	莎伊 Shā Yī	莎丽 Shā Lì	珊丽 Shān Lì	赛丽 Sài Lì
SamM **Sames**M **Sammis**M	山穆 Shān Mù 山密 Shān Mì	森牧 Sēn Mù 山明 Shān Míng	生睦 Shēng Mù 桑盟 Sāng Méng	瑟牧 Sè Mù 商牧 Shāng Mù	赛亩 Sài Mǔ 杉亩 Shān Mǔ
SamsonM	桑生 Sāng Shēng	善升 Shàn Shēng	上申 Shàng Shēn	山盛 Shān Shèng	杉胜 Shān Shèng
SamuelM	桑木 Sāng Mù	桑慕 Sāng Mù	杉慕 Shān Mù	飒绵 Sà Mián	山慕 Shān Mù
SandraF **Sarah**F	莎兰 Shā Lán	莎乐 Shā Lè	善兰 Shàn Lán	思兰 Sī Lán	赛岚 Sài Lán
ScottM	史可 Shǐ Kě	席肯 Xí Kěn	熙科 Xī Kē	西库 Xī Kù	希克 Xī Kè
SebastianM	柏田 Bó Tián	益添 Yì Tián	庞田 Páng Tián	沛天 Pèi Tiān	泮田 Pàn Tián
SharleyF	谢莉 Xiè Lì	谐理 Xié Lǐ	谢丽 Xiè Lì	协丽 Xié Lì	谐丽 Xié Lì
SharronF	莎瑞 Shā Ruì	霞云 Xiá Yún	夏伦 Xià Lún	湘芸 Xiāng Yún	谢伦 Xiè Lún

Shelley_F **Sherrill**_F	谢丽 Xiè Lì	茜莉 Xī Lì	璇霓 Xuán Ní	学礼 Xué Lǐ	雪妮 Xuě Nī
Sherman_M	谢曼 Xiè Màn	熙满 Xī Mǎn	徐萌 Xú Méng	舒曼 Shū Màn	许茂 Xǔ Mào
Sherry_F **Shirley**_F	雪莉 Xuě Lì	希立 Xī Lì	谢丽 Xiè Lì	雪妮 Xuě Nī	喜丽 Xǐ Lì
Sidney_M	希礼 Xī Lǐ	惜黎 Xī Lí	喜倪 Xǐ Ní	熙旋 Xī Nǐ	玺年 Xǐ Nián
Silvia_F	茜雅 Xī Yǎ	禧阳 Xǐ Yáng	喜扬 Xǐ Yáng	惜芽 Xī Yá	惜微 Xī Wēi
Simon_M **Simonds**_M	希孟 Xī Mèng	西蒙 Xī Méng	仙梦 Xiān Mèng	惜萌 Xī Méng	思萌 Sī Méng
Solomon_M	苏骆 Sū Luò	肖罗 Xiāo Luó	孙伦 Sūn Lún	穗茂 Suì Mào	素罗 Sù Luó
Sophia_F **Sophie**_F	素雅 Sù Yǎ	苏菲 Sū Fēi	粟斐 Sù Fěi	颂飞 Sòng Fēi	澍菲 Shù Fēi
Spencer_M	宾赛 Bīn Sài	史宾 Shǐ Bīn	史班 Shǐ Bān	斯朋 Sī Péng	思本 Sī Běn
Stanford_M	思腾 Sī Téng	史福 Shǐ Fú	史凡 Shǐ Fán	思丰 Sī Fēng	思涵 Sī Hán
Stanley_M	史立 Shǐ Lì	史丹 Shǐ Dān	思谈 Sī Tán	思亮 Sī Liàng	思立 Sī Lì
Stella_F	史蒂 Shǐ Dì	思缇 Sí Tí	得乐 Dé Lè	桃乐 Táo Lè	丝岱 Sī Dài

StephenM **Steve**M	史文 Shǐ Wén	斯文 Sī Wén	石枫 Shí Fēng	思丰 Sī Fēng	迪奋 Dí Fèn
	史迪 Shǐ Dí	斯倜 Sī Tì	倜夫 Tì Fū	士凡 Shì Fán	思悌 Sì Tì
SueF	苏怡 Sū Yí	舒宜 Shū Yí	淑喜 Shū Xǐ	苏伊 Sū Yí	素仪 Sù Yí
SusanF **Susanna**F	苏珊 Sū Shān	素珊 Sù Shān	淑婉 Shū Wǎn	舒安 Shū Ān	淑赞 Shū Zàn
	澍珊 Shù Shān	舒姗 Shū Shān	树善 Shù Shàn	抒莘 Shū Shēn	素杉 Sù Shān
SusieF	苏适 Sū Shì	淑诗 Shū Shī	舒式 Shū Shì	舒茜 Shū Xī	淑世 Shū Shì
SylviaF	茜薇 Xī Wéi	喜雅 Xǐ Yǎ	淑婉 Shū Wǎn	史薇 Shǐ Wēi	晓薇 Xiǎo Wēi

TaylorM	泰勒 Tài Lè	特劳 Tè Láo	涛浪 Tāo Làng	陶雷 Táo Léi	陶乐 Táo Lè
TedM **Teddy**M	泰德 Tài Dé	太迪 Tài Dí	泰狄 Tài Dí	德棣 Dé Dì	德迪 Dé Dí
TerenceM **Theron**M	德仁 Dé Rén	登荣 Dēng Róng	特锐 Tè Ruì	得人 Dé Rén	棣伦 Dì Lún
TeresaF **Theresa**F	德莉 Dé Lì	瑞飒 Ruì Sà	瑞珊 Ruì Shān	蕊珊 Ruǐ Shān	芮莎 Ruì Shā
TerrellM **Terry**M	德锐 Dé Ruì	倜睿 Tì Ruì	得锐 Dé Ruì	逖仑 Tì Lún	迪锐 Dí Ruì
TheobaldM **Theodore**M	熙博 Xī Bó	喜勃 Xǐ Bó	希报 Xī Bào	喜宝 Xǐ Bǎo	玺褒 Xǐ Bǎo
ThomasM	栋木 Dòng Mù	东牧 Dōng Mù	洞睦 Dòng Mù	端慕 Duān Mù	登穆 Dēng Mù
TimothyM	逖芒 Tì Máng	迪萌 Dí Méng	墨希 Mò Xī	惕模 Tì Mó	笛慕 Dí Mù
TinaF	婷娜 Tíng Nà	亭兰 Tíng Lán	蒂娜 Dì Nà	恬然 Tián Rán	田蓝 Tián Lán
TomM **Tommy**M	棠木 Táng Mù	同茂 Tóng Mào	仲明 Zhòng Míng	通美 Tōng Měi	多明 Duō Míng

TonyM	陶尼 Táo Ní	同立 Tóng Lì	通隶 Tōng Lì	棠礼 Táng Lǐ	多理 Duō Lǐ
TracyM **Traris**M	崔熙 Cuī Xī	曾熙 Zēng Xī	仓奇 Cāng Qí	蔡锡 Cài Xī	曹西 Cáo Xī

Vance_M **Valentine**_M	范伦 Fàn Lún	方庭 Fāng Tíng	奉天 Fèng Tiān	芳廷 Fāng Tíng	范亭 Fàn Tíng
Vera_F	薇娜 Wēi Nà	葳若 Wēi Ruò	炜然 Wěi Rán	雯娅 Wén Yà	文雅 Wén Yǎ
Vernon_M	凡农 Fán Nóng	方龙 Fāng Lóng	万隆 Wàn Lóng	文隆 Wén Lóng	范龙 Fàn Lóng
Veronica_F	若仪 Ruò Yí	文丽 Wén Lì	若丽 Ruò Lì	蔚丽 Wèi Lì	葳莉 Wēi Lì
Victor_M	维德 Wéi Dé	炜唐 Wěi Táng	伟德 Wěi Dé	维堂 Wéi Táng	伟泰 Wěi Tài
Victoria_F	玮文 Wěi Wén	玮丽 Wěi Lì	玮雅 Wěi Yǎ	滔洋 Tāo Yáng	桃娘 Táo Niáng
Vicki_F	玮琦 Wěi Qí	蔚琪 Wèi Qí	薇琪 Wēi Qí	文奇 Wén Qí	雯祈 Wén Qí
Vincent_M	文森 Wén Sēn	雯兴 Wén Xīng	文心 Wén Xīn	温馨 Wēn Xīn	文新 Wén Xīn
Viola_F	维娜 Wéi Nà	玮娜 Wěi Nà	莞蓉 Wǎn Róng	婉纳 Wǎn Nà	宛若 Wǎn Ruò
Violet_F	万蕾 Wàn Lěi	莞乐 Wǎn Lè	琬珞 Wǎn Luò	薇丽 Wēi Lì	葳蕾 Wēi Lěi

VirginiaF	文锦 Wén Jǐn	玮琴 Wěi Qín	菁雅 Jīng Yǎ	温雅 Wēn Yǎ	晶娘 Jīng Niáng
VivianF	玮文 Wěi Wén	雯安 Wén Ān	薇文 Wēi Wén	蔚洋 Wèi Yáng	炜阳 Wěi Yáng

W

WardM **Walter**M	华特 Huá Tè	万通 Wàn Tōng	望图 Wàng Tú	旺梃 Wàng Tǐng	威廷 Wēi Tíng
WendyF	文棣 Wén Dì	温蒂 Wēn Dì	莞迪 Wǎn Dí	文缇 Wén Tí	薇蒂 Wēi Dì
WiefridM	伟福 Wěi Fú	威孚 Wēi Fú	伟夫 Wěi Fū	维赋 Wéi Fù	尉甫 Wèi Fǔ
WilbertM	伟伯 Wěi Bó	韦柏 Wěi Bó	卫勃 Wèi Bó	伟波 Wěi Bō	威博 Wēi Bó
WilfredM **Wilford**M	维福 Wéi Fú	伟夫 Wěi Fū	维德 Wéi Dé	威瑞 Wēi Ruì	蔚芙 Wèi Fú
WilliamM **Willie**M	维廉 Wéi Lián	伟良 Wěi Liáng	为连 Wèi Lián	纬联 Wěi Lián	蔚谦 Wèi Lián
WilsonM	威逊 Wēi Xùn	维成 Wéi Chéng	伟琛 Wěi Chēn	卫胜 Wèi Shèng	文生 Wén Shēng
WinifredF	威力 Wēi Lì	葳利 Wēi Lì	富瑞 Fù Ruì	伟福 Wěi Fú	玮阜 Wěi Fù
WinstonM **Winton**M	文新 Wén Xīn	维成 Wéi Chéng	威迅 Wēi Xùn	文通 Wén Tōng	伟欣 Wěi Xīn

YaleM	叶鲁 Yè Lǔ	业乐 Yè Lè	耶乐 Yē Lè	也乐 Yě Lè	业路 Yè Lù
YvonneF	逸凡 Yì Fán	怡凡 Yí Fán	逸芳 Yì Fāng	奕芳 Yì Fāng	宜旺 Yí Wàng

Zamesₘ	赞直 Zàn Zhí	展斯 Zhǎn Sī	展思 Zhǎn Sī	赞思 Zàn Sī	展司 Zhǎn Sī
Zoeꜰ	卓奕 Zhuō Yì	焯奕 Zhuō Yì	祚颐 Zuò Yí	珠熠 Zhū Yì	琢玉 Zhuó Yù

Also published by Heian International

YOUR CHINESE ROOTS
Thomas Tsu-wee Tan

This is a story of the overseas Chinese—of their struggles against discrimination in the early years, the growth of China-towns, and of the many associations like clans and *hui-kuans* that were formed—bringing together fellow Chinese who speak the same dialect, originate from the same district, and who have common surnames. In particular, this book examines the major overseas Chinese communities in the Nanyang, and countries further afield like America, Australia, New Zealand and Britain.

Your Chinese Roots also explores the bedrock of Chinese culture, and chronicles the importance and evolution of the Chinese surname. Altogether, 47 surnames are discussed—including the most common ones like Lee, Tan, Lim, Wong and Cheong. The colourful and fascinating accounts behind each of their origins will also enable Chinese everywhere to locate their provinces of origin in the ancestral homeland.

153 x 230 mm
264 Pages, Illustrated

$9.95 Paper Back
ISBN: 0-89346-285-3